Canalha!

Do Autor:

As Solas do Sol

Cinco Marias

Como no Céu & Livro de Visitas

O Amor Esquece de Começar

Meu Filho, Minha Filha

Um Terno de Pássaros ao Sul

Canalha!

Terceira Sede

www.twitter.com/carpinejar

Mulher Perdigueira

Borralheiro

Ai Meu Deus, Ai Meu Jesus

Espero Alguém

Me Ajude a Chorar

Carpinejar

Canalha!

Retrato poético e divertido
do homem contemporâneo

— crônicas —

Prêmio Jabuti 2009

7ª edição

Copyright © 2007, Fabrício Carpi Nejar

Capa: Raul Fernandes
Fotos da capa: Piotr Powietrzynski/Photographer's Choice/GETTY Images
Foto do Autor: Renata Stoduto

Editoração: DFL

2014
Impresso no Brasil
Printed in Brazil

CIP-Brasil. Catalogação na fonte
Sindicato Nacional dos Editores de Livros — RJ

C298c 7ª ed.	Carpinejar, 1972- Canalha!: retrato poético e divertido do homem contemporâneo: crônicas/Carpinejar. — 7ª ed. — Rio de Janeiro: Bertrand Brasil, 2014. 320p. ISBN 978-85-286-1342-1 1. Crônica brasileira. I. Título.
08-2840	CDD — 869.98 CDU — 821.134.3 (81)-8

Todos os direitos reservados pela:
EDITORA BERTRAND BRASIL LTDA.
Rua Argentina, 171 – 2º andar – São Cristóvão
20921-380 – Rio de Janeiro – RJ
Tel.: (0XX21) 2585-2070 – Fax: (0XX21) 2585-2087

Não é permitida a reprodução total ou parcial desta obra, por quaisquer meios, sem a prévia autorização por escrito da Editora.

Atendimento e venda direta ao leitor:
mdireto@record.com.br ou (0XX21) 2585-2002

— Desejo passar o resto da minha vida com você.
— Não, uma vida com você nunca será resto.

— Não ponha palavras na minha boca.
— Tiro palavras da sua boca.

Sumário

ADORÁVEL CANALHA 17

GRÁVIDO 19

MEU QUARTO 21

O VESTIBULAR DA FOSSA 23

NÃO ME APRESENTE AOS AMIGOS 26

QUANDO ELA ESTIVER COM OUTRO 28

NA HORA DE DIZER A VERDADE 31

AS TAMPINHAS DO LEITE 34

ANTES QUE VOCÊ VOLTE 36

AMOR EM NÚMEROS QUEBRADOS 38

O CANALHA ARREPENDIDO 40

O GUARDA-SOL 42

CONVERSA DE HOMEM 44

PODE ME CHAMAR DE GAY 48

CAFAJESTADA 51

O CRÉDITO-MINUTO 53

ENQUANTO JACK ESTAVA NA GARRAFA 56

SEXO DEPOIS DOS FILHOS 58

NÃO DEIXAR PARA DEPOIS 61

HOMEM PERFEITO 64

OS AMIGOS INVISÍVEIS 67

INCORRIGÍVEL 70

ESTAMOS CHEGANDO? 72

EMPRESTANDO ROUPAS AO MARIDO 74

É UM ASSALTO OU O QUE ESTÁ
DIFERENTE EM MIM? 76

O QUE É PRECISO TER EM MENTE (sem mentir)
QUANDO UMA MULHER EXPERIMENTA ROUPAS 79

BOÊMIO DE CASA 82

UNHAS I 84

UNHAS II 86

A ESTRADA NO MEU QUINTAL 90

CADÊ A CASCA DE AMENDOIM? 93

PAU DURO 95

PATIFARIAS 97

LITRÃO 100

PEQUENOS FURTOS 103

OS RUÍDOS DE CASA 105
A FIDELIDADE DOS PÁSSAROS 107
FOLHA DE ROSTO 109
AMADO PELAS SOGRAS 111
DESDE LÁ 114
O ESCURO QUEIMA 116
MANCHAS 118
ANSIEDADE 120
MÉDIA COM PÃO E MANTEIGA 122
AMOR É COISA DE BOTECO 124
NÃO BRINQUE COMIGO 127
SE SAIR, NÃO VOLTE MAIS! 129
VOCÊ ME PEDIU UM CIGARRO 131
E EU PEDI UM CAFÉ 134
DAQUI POR DIANTE 137
ACEITO ENCOMENDAS PARA
DENTRO DE CASA 140
ONDE É O FUNDO? 142
AOS MEUS PÉS 144
BANHO DE LÍNGUA 147
É ADORÁVEL UMA MULHER TODA NUA,
OU QUASE, DE MEIAS BRANCAS 149

FRALDAS GERIÁTRICAS DOS PÉS 152

FUTEBOL, RUA 155

MINHA MULHER NÃO É MINHA MÃE 157

NAMORANDO MULHER COM FILHO 160

A ÚLTIMA REFEIÇÃO 162

SEM NOME 164

ELA VAI ENVELHECER 167

DEPOIS DA FESTA 170

A PELE ENXERGA MELHOR 172

NÃO SE COME UMA MULHER 174

PAINEIRA 176

ADIVINHANDO 178

NO PONTO REMOTO DA ESTRADA 181

O ORGASMO FEMININO E O QUINDIM 183

DUAS VEZES MONOGÂMICO
(Drummond não foi Vinicius) 186

PINTASSILGO 190

NA GARUPA 192

CIÚME E CIÚMES 194

O SPAM VEIO DE CASA 197

NINGUÉM QUER SER ADULTO 199

INSISTA 202

DO NADA. DE NADA. 205

ATÉ OS AMIGOS TÊM QUE MARCAR HORA 208

POR ONDE NÃO OLHAMOS 211

O MARIDO NOS FILHOS 214

MÃOS FRIAS 217

TEMPO A PERDER 219

A CALIGRAFIA DE ALESSANDRA 222

MENTIR A IDADE 224

A SINCERIDADE DO PÃO 226

NEM ALEGRE, NEM TRISTE 229

NÃO ESQUEÇA O CASACO 232

A VOZ NÃO É A LETRA 234

BANHEIRO MASCULINO 237

VIVER DE MENTIRAS OU VIVER NUMA MENTIRA? 239

TOMADA DE CONSCIÊNCIA 242

EU ESPERO A CHUVA NO ALTAR 245

QUERIDO SÉRGIO "PREGO" FISCHER 247

UM QUARTINHO PARA NÃO-SER 250

ELEGÂNCIA 252

CUSPE 254

FALTA DE CRIATIVIDADE 256

EXECUÇÃO SUMÁRIA 259

NÃO QUERO MAIS SUA DESCULPA 261

A TORCIDA DOS BAGACEIROS 263

JOGO DE ARMAR 266

ELA NÃO SABIA ANDAR DE BICICLETA 268

ÁRVORE DE VENTO 270

A MEGERA 272

PAPAI-MAMÃE JÁ TIVERAM FILHOS 275

LANCHERIA CAFÉ DA MANHÃ 277

SOU UM CARACTERE CHINÊS 279

QUANDO NÃO SE ESPERA
(o que o homem não cogita) 281

RINDO NO AMOR, NÃO DO AMOR 283

TELEFONE I 285

TELEFONE II 287

O MAPA 289

QUALQUER COISA 292

UM AMOR SEM VOLTA 295

ESCONDO O AMOR NA AMIZADE 297

BORDADO COM AS INICIAIS 299

FAXINA 301

PROCURA-SE UM BRINCO 304

NADA MAIS BONITO DO QUE
UM CASAL ADMIRANDO-SE 306

A RESPIRAÇÃO QUE ATRAVESSOU MINHA VIDA 308

O RADINHO DE PILHA 310

SÓ ISSO 312

O FIM É LINDO 314

ADORÁVEL CANALHA

É um defeito, mas nada mais delicioso do que ouvir de uma mulher: "CANALHA!"

Ser chamado de "canalha" por uma voz feminina é o domingo da língua portuguesa. O som reboa redondo. Os lábios da palavra são carnudos. Vontade de morder com os ouvidos. Aproximar-se da porta e apanhar a respiração do quarto pela fechadura.

Canalha, definitivo como um estampido, como um tapa.

Não ser chamado de canalha pela maldade, mas por mérito da malícia, como virtude da insinuação, pelo atrevimento sugestivo.

Não o canalha canalha, mas o ca-na-lha, sem repetição. Único.

Não o canalha que deixa a mulher; o canalha que permanece junto. O canalha adorável que ultrapassou o sinal vermelho para levá-la. O canalha que é rude, nunca por falta de educação, para acentuar a violência do amor. Canalha por opção, não devido a uma infelicidade e limitação intelectual. Canalha em nome da inteligência do corpo.

O canalha. Como um elogio. Um elogio para dizer que é impossível domesticar esse homem, é impossível conter, é impossível fugir dele. Canalha como pós-graduação do "sem-vergonha".

Bem diferente de crápula, que não é sensual e define o mau-caratismo indelével, ou de cafajeste, alguém que não presta nem para ser canalha, de índole egoísta e aproveitadora.

Eu me arrepio ao escutar canalha. Um canalha que significa o contrário do dicionário. Nem perca tempo consultando o *Aurélio* e o *Houaiss*, que não incluem o sentimento da pronúncia. Estou falando do canalha que suscita aproximação, abraço, desejo. Um canalha que é um pedido de casamento entre as vogais.

É pelas expressões que se define a segurança masculina. Sempre duvidei de homem que diz que vai fazer xixi. Xixi é coisa de criança. Eu não represo a gargalhada quando um amigo adulto e de vida feita comenta que vai fazer xixi. Imagino o cara sentado. Infantil como Ivo viu a uva. Já urinar é muito laboratorial. Prefiro mijar, direto, rápido e verdadeiro. As árvores mijam. Os relâmpagos mijam. Os cachorros mijam para demarcar seu território. Aliás, o correto é não anunciar, ir ao banheiro apenas, para evitar constrangimentos vocabulares.

Canalha funciona como uma agressão íntima. Uma agressão afetuosa. Uma provocação. Não se está concluindo, é uma pergunta. Canalha é uma interrogação gostosa.

Não ficarei triste se você esquecer meu nome, chame-me de canalha.

GRÁVIDO

Não sei como dizer isso: estou grávido de você.

Talvez não descubra. Talvez nunca o veja. Mas o filho é seu. Em meu ventre. Ventre de homem que se esconde como uma pedra de rio. Nosso filho abrirá minha carne como um punhal verde e me fará buscar seus traços mais do que os meus. Daquela noite, fiquei grávido. Não nos falamos. O milagre de multiplicar sua ausência. Tive medo de sua reação e recusei contar. Não queria que permanecesse comigo pela criança. Não queria uma esmola e caridade. Não, se eu não fui grande o suficiente para ser seu amor, não aceito ser motivo menor de compaixão. Que me esqueça, não me recorde para fazer um favor. Não vivemos de favor, vivemos para pagar tudo que imaginamos em silêncio.

Estou grávido de você. Mal contenho a expectativa de abraçar a criança como alguém que põe o casaco na cabeça para fugir da chuva. Ela chuta cada vez mais forte. Nao pensava que minha pele fosse elástica o suficiente. Posso sentir os dedos dos pés se formando em cada golpe. Divido o meu prato, os meus dentes, os meus ossos com ela.

É esquisito descobrir que os homens também engravidam. Quantos geram e criam seus filhos sozinhos, seus filhos invisíveis que nascem da insistência de uma lembrança? Estou grávido de você. No futuro, talvez conte a ele quem é sua mãe. Não hoje. Não me peça que seja hoje. Por enquanto, guardo o segredo com o zelo dos avós.

Não duvido que conclua que não é seu e diga que é de outra mulher. Mais fácil deduzir que a engano. É mais confortável não se interessar, não mudar o turno do trabalho, não alterar as festas e as expectativas. Num parque, daqui a um tempo, observará uma criança loira rindo no vaivém do balanço e lembrará nitidamente de sua fome de ser empurrada alto. A mesma cova ao lado dos lábios. A desconfiança irá se sentar devagar. Perceberá que é seu filho e seguirá sua vida tentando negá-lo. Acredito no seu talento em me negar, porém faltará força para negá-lo. Negar aquela noite. O tremor das pernas caminhando paradas. O tremor dos braços nadando parados. A boca subindo e engolindo os próprios olhos. Tínhamos que repartir aquela noite com alguém, e o filho desceu no desejo.

Os rostos dos filhos puxam nossas carências. Nosso filho será a carência de você. É minha principal virtude depender de você. Não tenho pressa, deixo que a luz abra minhas cartas. A cola seca e se desfaz em nove meses. Os amigos dirão que enlouqueci, não vão reparar na minha mão ocupada em levar a criança para a escola. Não há importância. Estou grávido de você. O filho existe em mim, existirá fora de mim, o filho imaginário que surge de uma perda, que se molda de uma incompreensão.

Sou pai de minhas dores. Sou pai alegre de minhas dores. Prometo cuidar do pequeno como cuidaria de você se permanecêssemos juntos depois daquela noite

MEU QUARTO

Podemos sair de casa há anos, e o quarto que abandonamos é conservado pelos pais. Não modificam uma vírgula de nossa letra. Não alugam, não fazem reforma, não mudam as estantes, não trocam a pintura, a fechadura e os tapetes. Nós alteramos a infância, não os pais, que, em qualquer idade, nos enxergarão pequenos. Nos enxergarão como se ainda fosse possível resolver a tristeza e a dor com um colo.

Quando voltamos para a residência familiar, separados ou exilados, desempregados ou desencantados, descobrimos o quanto eles nos amam. Amam a criança que fomos. Nenhuma boneca foi jogada fora — enfileiradas pelo tamanho. Nenhum carinho, desperdiçado. As canetas coloridas da escola guardam tinta. As agendas estão na gaveta, com as fotos dos amigos e as primeiras confidências. Os pôsteres das bandas de rock, que hoje nem fazem sentido, permanecem atrás da porta branca. As revistas proibidas seguem escondidas em uma madeira solta debaixo da cama. A mesma cômoda onde escrevemos cartas de amor e varamos a noite estudando para provas. O mesmo abajur preto, com problemas de contato. O mesmo enxoval, como se tivéssemos passado um longo final de semana fora (um final de semana que pode ter durado vinte anos) e retornássemos de uma hora para outra. O mesmo travesseiro com cheiro de nosso pijama. Os mesmos cabides e espelho. Até a pantufa nos aguarda com a plumagem desalinhada de ovelha.

Tudo em ordem e recente, a apagar que lacramos a porta com um adeus, a esquecer que viramos o rosto para sermos felizes com nossas famílias. Os filhos são dramáticos e se despedem com adeus, mas vão voltar, e voltam, mesmo que seja para se despedir verdadeiramente.

E não é apenas a aparência do quarto que resiste intacta. É o jeito como os pais nos tratam, sem censura e castigo, sem julgar as escolhas e precipitar arrependimentos. Em silêncio, a mãe fará o bolo de laranja predileto. Ruidoso, o pai perguntará se não queremos caminhar com ele. Ao sairmos, a mãe dirá para não esquecermos o casaco, o pai avisará para nos cuidarmos e voltarmos cedo. O tratamento é idêntico, insuportavelmente idêntico à adolescência. A velhice não ameaça o amor.

Apesar de confiarmos que somos outros, os pais continuam nossa vida. Não interessa a cor do cabelo, a tatuagem, o piercing, a cicatriz, a ferida, a alegria ressentida, os fios grisalhos e os divórcios, os pais acreditam que somos os mesmos. Somos as crianças que eles deixaram crescer.

O VESTIBULAR DA FOSSA

Superar uma dor de amor é o equivalente a estudar para o vestibular. Tranca-se no quarto, são recusados convites para sair e se divertir, a história pessoal é revisada, sublinhada e decorada à exaustão. Não mais o esporte, não mais as festas, não mais os bares. Os únicos amigos preservados são os travesseiros.

Fala-se pouco, come-se devagar, experimenta-se um emagrecimento involuntário que dá mais certo do que uma dieta consciente. Aquela sonhada perda de sete quilos realmente acontece, na hora e no jeito errados. Não festejamos, não percebemos, não alardeamos a forma física; a tristeza encabula o corpo. Somos um par de olheiras e uma boca confusa. As reticências do período tanto podem ser suspiros como gemidos.

A única missão que resta é estudar, não para seguir uma profissão. Estudar para seguir a própria vida. Estudar para se manter de pé ou definitivamente cair. Na dor do amor, o desejo é chegar ao fundo de si, mas o fundo de si está na pessoa que deixou de nos amar. E nunca se chega ao fim. O fim não está mais com a gente. Foi junto com quem traiu a fidelidade em que acreditávamos.

A dor do amor oferece igual preparação de uma prova difícil. Uma prova que não importa a doação, o resultado é conhecido. O que se queria já se perdeu. Um vestibular que significará esforço e não celebração. Um vestibular onde se é desclassificado antes da inscrição.

Não cumprimos a rotina, mal e forçosamente ficamos de pé. Os pijamas e abrigos pedem na Justiça a guarda da pele. É um luto sem enterro. Um luto sem cadáver. Um luto sem missa de sétimo dia. Um luto sem familiares se aproximando e tentando consolar. Um luto sem pêsames e garantia social. Um luto obrigado a trabalhar no dia seguinte. Um luto que não se explica. Um luto que não merece nem um anúncio de jornal para avisar que acabou. Um luto em que o sofredor poderá se encontrar com seu sofrimento em carne e osso na próxima esquina.

Acorda-se com a sensação de pesadelo, dorme-se com a sensação de pesadelo. Fase de transição, em que se confia sinceramente que nada será melhor do que antes. Quem tinha humor fica cínico. Chora-se, no princípio, com força, depois o choro é um hábito, perde a concentração e vira um resmungo intermitente. Não se faz outra coisa senão remoer o tempo, repisar fotografias, vídeos, cartas. Reler e revisar o que foi esquecido no Ensino Fundamental e Médio. São meses de exílio, de sacrifício, a mostrar que se é capaz de sofrer a sério por alguém e abdicar do que mais se gostava.

A fossa do amor não é uma encenação. Ao passar por ela, termina a confiança irrestrita, a esperança ingênua. As pessoas que sofreram esse descompasso são reconhecíveis de longe. Não se alegrarão de todo. Uma saudade vai retirar a velocidade dos ouvidos. Não se abrirão de novo como uma vitória-régia. Têm uma sutileza que as diferenciam dos demais, o tolhimento do abandono. E poderão, no futuro, amar melhor porque não mais estarão sozinhas. Estarão sempre conversando e consultando sua dor.

NÃO ME APRESENTE AOS AMIGOS

Amor não é caridade nem filantropia. O que ofende a solidão é alguma amiga chegar e comentar: "Tenho um amigo pra te apresentar". Ela não está consultando sua opinião, não pede uma resposta, já marcou o encontro e a descreveu ao pretendente. O panorama recrudesce se o programa não é a dois, mas assistido, com a participação de outros casais a narrar, comentar e fazer *hola* a cada aproximação. Desde quando solteira é atração de circo?

"Tenho um amigo pra te apresentar" é a frase mais escabrosa que se pode ouvir. Uma forma de chamá-la indiretamente de encalhada. Mais agradável designá-la gorda. A amiga se julga uma Madre Teresa de Calcutá, distribuindo riquezas aos pobres e diminuindo a desigualdade. Deseja ajudar, mas, no fundo, atrapalha. Em nenhum momento, cogita a hipótese de que se está muito bem sozinha.

Pelo fato dela estar com namorado ou casada, não suporta que alguém esteja solteira. Quer exterminar as solteiras da cidade, pois não é suficiente casar; o mundo tem de casar junto com ela para não se arrepender ou questionar sua rotina.

A solidão é também uma escolha. Infelizmente, em nossa cultura casamenteira, é filtrada como inabilidade em encontrar uma cara-metade, é vista como incompetência amorosa.

Quando se escuta "tenho um amigo pra te apresentar" lamenta-se não ser avestruz ou toupeira para se esconder em um buraco. Perderá o controle da própria vida, a pose, o orgulho, o luxo da iniciativa. Ela inicia uma campanha de mobilização, em que todos saberão que está disponível. Lança-se um pedido de socorro, e a pretensa afogada toma sol na areia. Com a fragilidade escancarada, vexame é pouco, será difamada nos almoços familiares.

"Tenho um amigo pra te apresentar" indica, ao mesmo tempo, que não desfruta de condições para conseguir sozinha e pelos seus méritos uma paixão. Sua independência é confundida com carência, seu apartamento, com oferta do Sine (Sistema Nacional de Emprego).

Amor encomendado nunca funcionou. Como fazer render um encontro em que a expectativa mínima é a de namoro e a máxima é de um casamento? Amor surge ao léu, de imprevisto, sem nenhuma preparação psicológica e pesquisas de opinião. Não se passa por teste vocacional, o amor pode contrariar a carreira.

QUANDO ELA ESTIVER COM OUTRO

A dor é educada fora de casa. Dentro dos limites do portão, pode chorar, espernear, jogar objetos pela janela, quebrar os cds, empurrar os livros da estante. Em público, é cortês e polida. Não significa que não está louca por um barraco. Está e se contém e se censura.

No amor, morre-se em segredo, numa hemorragia interna, sem ferimento a pôr as pessoas em desespero ao seu redor, tentando socorrê-lo.

Não há quem não tenha sofrido o enfrentamento de encontrar uma paixão com outro namorado. Onde menos se espera, constatar que ela o esqueceu ou finge esquecer com habilidade. Que não era insubstituível, que é uma foto queimada e chaves devolvidas.

Na vulnerabilidade de uma conversa entre amigos, seu rosto fica branco ao reparar ela beijando e abraçando um estranho. Corre ao banheiro para banhar o pescoço e aliviar a queimação. É um ódio e uma desvalia enormes, como se a traição acontecesse ainda no momento em que permaneciam juntos. Só que vocês não estão mais juntos. Nem se observa muito para não dar na vista. Não se olha nos olhos dela. De canto, percebe as mãos dela fazendo movimentos circulares nas costas dele, a pedir com volúpia a aproximação da cintura. Igualzinho como na época do namoro com você.

É um drama rever de quem se gostava comprometida. Seria sorte se apenas os cotovelos doessem — é todo o corpo. Toda a ausência do corpo dela no seu.

Esperava que a vida conspirasse a favor, que ainda voltariam. Não fez nada para que acontecesse o retorno, mas esperava que o tempo parasse para pensar e facilitasse a reconciliação.

De repente, ela não está desejando uma revanche, vive a possibilidade de amar de novo. É difícil aceitar isso, queria que ela estivesse trancada no quarto, de luto, chorando um morto, enquanto você saía e aproveitava a noite. Nenhuma alma o convencerá do contrário. Tende ao exagero, à distorção. Ela abraça o cara, e entende que se esfrega nele; ela o beija, e entende que o lambe.

Alheio à verdade (a verdade pouco importa diante do coração), reconhece a cena como uma vingança calculada, um acerto de contas. Elabora a tese de que ela apareceu justamente no bar que freqüenta para abalar suas convicções de despedida.

Baba de raiva, de dó, de pena de seu futuro. Ela acena. Não existe saída para fugir de falar com ela; decide se aproximar do casal. Cumprimenta o novo namorado com formalidade e distanciamento. Pergunta como ela vai e suporta escutar um "nunca estive tão bem".

Apesar dos calafrios, não retruca. Apesar da vontade de virar a mesa e ofendê-la de cadela, não retruca. Apesar do ímpeto de esmurrar o nariz do rapaz e findar aquela felicidade inconsciente de mosca na teia de aranha, não retruca. Não, não diz nada. Perdeu o domínio de revidar.

A dor faz nascer um orgulho inquebrantável. Orgulho insensível e gélido. Orgulho de animal do pântano, acostumado a rastejar no escuro.

Não entregará o que sente. Calará para sempre.

Agora, sim, é um morto. Como queria que ela o tratasse. Mas ela não chora por você. É o morto que chorará em casa. Sozinho, debaixo da terra dos lençóis. Chorará a impossibilidade de ser honesto.

NA HORA DE DIZER A VERDADE

A verdade engasga, sempre engasga, principalmente com os bem-intencionados.

Já passei por vários constrangimentos em que fui questionado, e era simples declarar a verdade, simples como alcançar o sal, o azeite e o vinagre, mas tomei o caminho difícil da mentira. Tinha a verdade na ponta da língua, latejando, batendo na porta, gritando, duas palavras se abraçando e estaria solta, e recuei.

Pavor de ser cobrado, pavor de não ser compreendido, pavor de frustrar, pavor de machucar e de ser machucado. Pavores infantis se reúnem na boca para bloqueá-la.

Tudo estaria resolvido com "eu errei, desculpa". Ou "sinto muito, tentarei ser mais atento". Um depoimento singelo e ridículo inibiria o sofrimento. Mas o orgulho não deixa, não permite desistências e arrependimentos.

A verdade não decola, e inventa-se uma história inacreditável para pôr em seu lugar. Fala-se qualquer coisa a justificar o impossível. Expressões saem rudes, martelando o prego em todas as direções, pouco se importando com a idoneidade das paredes. O rubor da face não esconde a vergonha. Azia da covardia: engole-se o cuspe de volta.

Complica-se o que seria fácil. A intenção era contar. Só que uma pergunta de supetão, um comentário malicioso, as mãos tensas do interlocutor, e nos defendemos, fingindo desconhecimento do assunto. Mudam-se os planos e não se avisa o inconsciente.

Outras mentiras virão a partir da primeira mentira. Uma pior do que a outra exigindo novas mentiras. A farsa tende a se agravar, abrindo mais brechas e pontos fracos e inverossímeis para ser desmascarada.

Não se cochila com a culpa, experimenta-se uma falta de vontade. O comportamento expansivo transforma-se em fobia. Evita-se falar com a pessoa que a verdade estaria sendo destinada. Muda-se de rua e de agenda para não encontrá-la. Um pânico é urdido em segredo, e unicamente se trabalha para ele. Projetam-se cenas imaginárias para desabafar e se libertar do erro. A vida se torna um filme de cenas cortadas e censuradas.

A verdade envergonha. Disposto a expor que não ama mais sua mulher, no instante da revelação, ela se antecipa e confessa sua agonia. É evidente que fechará a garganta com cimento e deixará a hera crescer à vontade. Ou quando está prestes a deslindar seu amor e ela comenta que está interessada pelo seu melhor amigo. Vontade de cortar o beiço e vender a granel.

A verdade humilha. Para fugir dela, jura-se pelos amigos, familiares, por Deus e por tantos santos para convencer da mentira. É uma persuasão sem caráter, desesperada. Não haveria problema de jurar por si, porém não é suficiente. Mente-se pelo bairro inteiro para escapar da responsabilidade. Aquela declaração sincera que não aconteceu se converte em um seqüestro. Além da ausência de franqueza, será preciso explicar o fato de botar tanta gente jurada em risco.

A verdade intimida no emprego, nas relações amorosas, na amizade. Se o chefe pergunta se realizou uma tarefa, diz que sim, mesmo não tendo feito, e passará a maior parte das horas apagando as pistas de sua ineficiência. Se a namorada pergunta sobre uma atração, alega que não existe, é loucura dela, e deixa para um dia contar.

Esse dia não chegará. Adiada a verdade num momento é quase impossível reeditá-la. Fica mais nervoso e trepidante voltar atrás. Como explicar que se é honesto agora se não se foi antes?

A honestidade não nasce duas vezes.

AS TAMPINHAS DO LEITE

Ao acordar, logo me deparo com a dobra de papelão da caixa do leite. Todos os dias olho para a pia e lá está soberano o pequeno cone. Um origami da pressa. Um barquinho cortado abruptamente de noite. Percebo a serrinha da faca na superfície. Trabalho malfeito. O triângulo desigual. Pego com doçura o lacre e examino, tal letra oriental me provocando, tal peixe cuspindo oxigênio. Poderia implicar e perguntar para minha mulher o motivo de ela nunca colocar fora. Seria difícil? Cansativo? O lixo fica a quatro passos. A primeira coisa que passa pela cabeça é "que preguiça". A segunda é "que desleixo". Mas deixo de bancar o juiz, porque aquilo não me irrita. O papelzinho me enternece, me faz cócegas como se alguém mexesse nos meus pés.

Eu me vejo verdadeiramente acordado ao observar a dobra me aguardando. Sério. Espio antes de chegar. Fiquei dependente da tampinha. Amo a tampinha. É agradável dividir o espaço com ela. Não me dá trabalho. Sugere sede, fome, dependência. Por ela, sei que minha mulher está em casa, está comigo. É vizinha da linha dos lábios dela. É seu vício, sua senha. Cartolinha colorida de criança. É sua maneira de me animar, de dizer que vive comigo. É um código morse. Um aviso apaixonado. Ela deixa pistas discretas de si e vou recolhendo pelo resto da casa, para não encerrar a sedução. Nosso jeito de fazer palavras cruzadas. Ela se anuncia logo cedo. Fico com vontade de lamber os pingos de leite como um gato. Mas me contenho por educação. A dobra é um leque para botar minha unha dentro do vento.

Minha mulher não põe bilhetes na geladeira, não borra o espelho de batom, não grava recados na secretária eletrônica, não força provas de paixão, não forja testemunhos. É suave, sugestiva, pede a compreensão e o mistério. Pede que eu a entenda antes que diga algo. Pede que aceite o espaço de cada um, os hábitos de cada um, e preserve as individualidades com cuidado. O pedacinho da caixa de manhã é como a súplica de um bom-dia. É o equivalente diurno da rolha do vinho. O buquê de um beijo. Minha mulher é diferente. Ela me escreve tampinhas de papel. Uma tampinha por dia. Uma década de tampinhas. Uma década em que eu não censuro o amor, deixo ele dormir entre a gente na mesma cama.

ANTES QUE VOCÊ VOLTE

Nasci de uma saudade longa de você. Estar com você é só aumentá-la. E nem quero adoecer de outra maneira. Se estar com você é apressar o fim, nunca estive tão à vontade longe de meu nascimento.

Gosto de pegar seu nome no ar antes de estourar, de segurar suas calças pelos bolsos e de trançar suas mechas nos ouvidos. Você fala comigo olhando nos olhos, abaixo meus olhos de pudor, nunca fui tão olhado. A respiração me encoraja a correr para sua boca e interromper seu olhar. Não sei olhar nos seus olhos enquanto fala comigo. Não é covardia, é falta de jeito. Prefiro subir pelas escadas em seu corpo.

Seria melhor não escrever do que usar a desculpa da ficção quando falho na vida. Responsabilizar-me por cada uma das palavras, conhecendo de antemão quantos gramas pesa na língua. Não dizer o que não acredito, não comprar no idioma o que não preciso, não invejar o que não tenho. Seria melhor não escrever do que passar a imagem de marido perfeito, pai perfeito, amigo fiel. Só você sabe o que sou! Invento, projeto, falsifico, me completo com o que escuto e falo com o que posso ouvir.

Até eu me apaixonaria por mim se não me conhecesse. Mas vivo desmarcando encontros comigo. Se eu for chato, insistente, vaidoso, ambicioso? Como dar o fora em mim?

Sou incompetente para tanta coisa, que muitas vezes nem começo para não entregar minha incompetência.

É mais fácil perdoar um escritor — ele se defende com folga, é articulado, inverte os papéis, mas não significa que não cometeu erros da mesma forma daquele que não tem palavras.

Peço desculpas por pensar que a literatura é suficiente; não é, nunca vai ser; uma noite saímos dela e não teremos exemplares para nos justificar e não teremos leitores para nos confortar e seremos tão-somente o que vivemos, o magro pão dormido e a manteiga do sol.

Terei que sair do livro e esperá-la do outro lado da rua. Terei que ser mais do que uma frase bonita e um par de mãos para esconder sua fragilidade. Terei que ser verdadeiro.

Eu não consegui inventá-la, você desobedeceu o autor e sumiu com o final do livro. Eu não consegui inventá-la, podia apenas descobri-la.

Será que depois de morto ainda enfrentarei pesadelos?

Até que a morte nos separe é muito pouco para mim. Preciso de você por mais de uma vida.

AMOR EM NÚMEROS QUEBRADOS

Com o início de namoro ou com filho pequeno, contamos os meses. Comemora-se a convivência a prestações. Não deixamos de nos surpreender e festejar a permanência de alguém novo em nossa vida.

É complicado localizar quando esfriamos o encantamento. Por preguiça no raciocínio matemático ou por acatar o senso comum, desistimos de aniversariar o amor diariamente.

Até os dois anos da criança, conta-se a idade dela desse jeito. Quando ela junta os dedos, a data se dilata para a distância dos anos e nunca mais os números quebrados, longos e definitivos. Eu fico emocionado ao ouvir uma mãe e um pai, neste período, a soletrar a idade inacabada do filho. O cuidado em ser preciso, exato, a preocupação ligeira em mostrar o quanto o nascimento não é esquecido, nem por 24 horas. Posso descobrir o mês do aniversário e, com sorte, o signo da criança. Nenhum dia parece em vão, nenhum dia é descartado.

De modo semelhante, no namoro, o casal se deslumbra em repetir a descrição de como se encontrou. Entra em falência com mimos e lembranças dados. Não se importa em exagerar, descobrir afinidades e propor jogos e enigmas. Todo mês os namorados reafirmam que estão juntos, não cansam de jurar fidelidade e perguntar, perguntar, perguntar o que um sente pelo outro. Não que não saibam, mas é reconfortante ouvir de novo. Ouvir o que se gosta até assobiar a melodia e misturar a letra com algumas recordações.

O casamento deveria ser refeito mensalmente. Não fechar para balanço, não ser encerrado em um número inteiro. Que pudesse ser sempre insuficiente, inseguro, para que não perdêssemos a atenção um minuto sequer e cuidássemos para que ele sobreviva ao nosso lado. Sem folga, sem compensação, sem demora.

Aceito férias no intervalo de um ano, aceito décimo terceiro no intervalo de um ano, mas esperar tanto tempo para comemorar o aniversário de um amor é injusto. Que a soma seja diferente, não dizer mais que o casamento tem dez anos, mas 120 meses. E, se possível, contem os dias, as horas, entortem o bigode do relógio, virem as pálpebras pelo avesso.

Se já sofremos quando não declaramos o que nos incomoda, sofreremos o dobro se não declararmos o que nos alegra.

Merecemos aprender a contar os dias em que estamos livres, ao invés de enumerar com uma cruz os dias em que estamos presos.

O CANALHA ARREPENDIDO

O amor é sacana. Ninguém está imune. Ninguém confere certidão de casamento, de nascimento ou de óbito para se envolver. Vai virar o rosto para os compromissos. Não queremos nos apaixonar e nos apaixonamos. O cara não presta e seguimos em frente. Vimos que ela é interesseira e fechamos os ouvidos. Contrariamos os próprios conselhos porque o amor é sacana. Contrariamos as crenças porque o amor é sacana. O amor abre até as portas deitadas.

Acredito que existe o conto de fadas do canalha, versão adulta e pornô do *Patinho Feio*. A mulher percebe que o sujeito não é flor que se cheire, fala para todo mundo da aversão ao comportamento dele, um tanto machista e presunçoso. Nota que sai com diversas mulheres, uma a cada noite. É o típico homem que sofre de infidelidade congênita. O que ela faz? Era de se esperar que mantivesse distância. Mas ela se apaixona.

A mulher bebe do veneno para apressar a cura. É tomada de uma fúria santa, doida, inexplicável pelo canalha. A hostilidade atrai, inquieta, desestabiliza. Não, ela não deseja o canalha, é capaz de desejá-lo durante uns dias, pela vida inteira não.

Aspira à conversão. Assume um misticismo sexual. Calcula uma saída à geometria de músculos e fúria, como se ele fosse um cavalo selvagem a ser contido pela sela. Confia que será diferente com ela.

Ela salvará o canalha. Ele foi canalha porque não a conheceu antes. Canalha *antes de Cristo*. Já cogita casamento e filhos, uma casa com pátio ou um apartamento com varanda. Aposta, com as armas que dispõe, o ciúme e a posse. Bate ainda um orgulho competitivo de mostrar às ex do canalha que conseguiu corrigi-lo. Só mulher entende esse duelo de memórias, essa vingança velada e implícita.

O canalha tampouco ambiciona ser viúvo de seus vícios. Espera receber alta, pode não conseguir, pode tentar e fracassar. Dorme pouco para não perder a chegada da paz de manhã. Espera uma paixão redentora para reaver a adolescência. Anseia superar a indiferença que o impele a dispensar as mulheres e abreviar os relacionamentos. Aguarda ter novamente a insegurança das palavras, o risco de ser magoado e magoar. O canalha está cansado de sua reputação, do esforço para manter a fama, da rotina de não se importar.

É difícil, duro de suportar, mas o maior amor, o amor mais leal e puro, pode vir de um canalha arrependido.

O GUARDA-SOL

Na praia, o mesmo ritual de masculinidade. Os homens chegam com os apetrechos e, antes de conferir a movimentação da orla, desembrulham o guarda-sol como um jogador toma para si a responsabilidade de cobrar um pênalti. As mulheres não se mexem, não se dispõem à tarefa. Deitam bem para trás na cadeira e recebem o colírio do vento fresco e marinho.

Trata-se de um consenso entre os casais, uma deliberação de condomínio. Mais uma tarefa masculina obrigatória ao lado da tríplice aliança (abrir vidros de conservas, trocar lâmpadas e levar o lixo). Os homens se entreolham para disputar a rapidez da montagem. Cavam um buraco com o lado inverso do pau. Cospem areia com estocadas ritmadas e secas. Preferem fazer com um braço, somente a mostrar virilidade. Estão se exibindo, é visível o desfile. Lembram escoteiros em sua primeira expedição. Não franzem o cenho com uma languidez a provar que é fácil demais para suas propriedades musculares.

A operação dura cinco minutos até expandir definitivamente a lona. O guarda-sol é como uma ereção praiana. Um topless masculino. Ao abrir, o homem tem a sensação de vestir uma camisinha gigantesca. O contentamento é uma exigência ancestral de não negar fogo. Uma prova bíblica (e tola) de que é um varão. Alguns pegam emprestado o balde de criança para molhar o contorno do montinho e firmar a terra.

Nada pode falhar sob o receio do vexame público. As mulheres reparam o andamento de outros maridos e namorados que não o seu, a conferir a produtividade alheia.

E se o guarda-sol resolve sair voando? Não quero ficar na pele do homem correndo feito louco a caçar sua auto-estima, ainda pedindo licença pelo incômodo. Não existe seguro ao utensílio e ele pode atropelar seriamente crianças e idosos.

E se o guarda-sol arrebentar suas varetas? Resta fechar, lamentar a impotência, dizer que isso nunca aconteceu antes e entrar na reserva.

E se o guarda-sol pender tal bandeira de golfe atingida em cheio? O negócio é se oferecer para lavar os pratos, em compensação.

É incompreensível como validamos comportamentos sexuais a partir de cenas menores e insignificantes, enrustidas na roupagem de educação, cavalheirismo e cortesia.

Em casa, decidimos trocar os papéis. Minha mulher é meu guarda-sol, eu sou seu guarda-chuva.

CONVERSA DE HOMEM

"Quero ver se é homem", "diz que é homem", "se não fizer isso, não é homem", "tá parecendo um boiola".

Desde fedelho, o homem perde décadas de sua vida comprovando sua masculinidade. Com os amigos da escola, dentro de casa, na rua com as meninas, na fase adulta com as mulheres e os amigos do trago.

Ele é testado a todo momento. Na balada ou no churrasco. Na rua ou no estádio. Ser homem não é natural, é um condicionamento. Um exame infindável de testosterona intelectual. Uma provação incessante, que se inicia nas brigas infantis e não termina com a morte.

Quem já não teve uma mulher em sua história que gritou: "Você não é homem!"? Só para irmos lá e arrancarmos um beijo na boca. Não é triste ser submetido a um concurso público da própria condição?

Observe uma roda de amigos num bar. Haverá provocações de quem é mais macho no grupo. Piadas involuntárias, sempre colocando em dúvida a conduta sexual. Colegas se ofendem como uma forma de amizade.

É uma armadilha. Como o homem pode exercitar sua sensibilidade, obrigado a reiterar seu sexo eternamente? Ele passa a maior parte de seus dias se defendendo. Confunde camaradagem com redundância. O que o transforma num IDIOTA, pois se repete e repete sem parar as insinuações coletivas. Como é possível manter as mesmas refregas, do jardim de infância à universidade? O homem não ousa, não investe, não contraria o perfil preestabelecido para descobrir o que gosta e contar como gosta.

Dói ser homem, é cansativo ser homem. Sim, os homens têm facilidades: mijar de pé. Falei facilidades?, retiro, o homem tem uma facilidade: mijar de pé. Ele é adestrado para ser influenciável e sofrer com as comparações. Será comparado ao pai, aos colegas, aos ex-namorados, aos sogros, aos filhos, aos ex-maridos, e, ultimamente, aos cachorros.

Ele não se regra pela intuição, ele se situa pelos outros. Batendo nos ombros, nas costas, exercendo os cumprimentos aos empurrões, ameaçando com indiretas e fiscalizando quem demonstra sair da linha. Homem vive denunciando seus iguais para não revelar seus segredos. Homem é delator. Homem nunca está em si de tanto que espia e controla seus vizinhos.

Na escola, as conversas apenas giravam em peitos, bundas e buceta. JURO. Eu nem tinha condições de comentar alguma coisa. Minha experiência era quase nula. Avaliando bem, era nula. Das páginas médicas da Barsa. Mas era formado a tratar a trinca erótica com vulgaridade. Caso não soltasse um palavrão, não seria aceito.

Ser aceito e se aceitar são coisas bem diferentes. Na infância, meus amigos ou se reuniam para o futebol ou para comentar detalhes sórdidos. Eu não tinha o que acrescentar ao assunto. Demandava um tremendo esforço não ser localizado como maricas. O segundo grau seguiu a mesma sina. Amigos chegavam a ficar debaixo da cama enquanto casal de colegas transava. Claro, com o consentimento do cara, que enrolava a menina no discurso para não identificar os penetras. Logo a menina era classificada como piranha, e o comedor, herói. Com pastelina e coca-cola, narrava o que ela aprontara ou deixara de aprontar.

Os homens admitiram sua burrice. Reforçam seus preconceitos e fobias porque é complicado alterar a virilidade adquirida pela insistência vocabular.

A noção de que todo gay é promíscuo provém de uma teoria machista, porque os homens temem, no raso e no fundo, os próprios gays que são. Os gays não pensam sempre em sexo (os homens pensam muito mais). Ao pensar somente em sexo, empobrecemos o sexo. O gay tem a liberdade de dizer o que sente, o homem é obrigado a sentir o que dizem e esperam dele.

Além disso, os gays são mais fiéis do que os próprios homens. Quantos casais gays demonstram uma lealdade que não se encontra num par heterossexual? Lembrei de cinco casais amigos antes de completar a frase.

Aviso: esse é o nervo. A inteligência gay deixa espaço e disponibilidade para exercitar seus gostos. Por isso, os gays são melhores amigos das mulheres, têm um temperamento mais refinado, um humor mais espirituoso, um desembaraço invejável para dançar, chorar e se alegrar.

Gay não precisa demonstrar que é gay.

O homem é treinado a pensar em sexo ou a pensar que é homem. Não sobra tempo para amadurecer. Ele terá que decidir entre se exaurir e se renovar.

Minha alma não é feminina, desculpe a decepção. Como se a sensibilidade unicamente fosse elogiosa sendo feminina.

Homem sofre, homem geme, homem erra, homem ama escandalosamente.

Minha alma é masculina, o que me faz sensível para não provar mais nada.

PODE ME CHAMAR DE GAY

Pode me chamar de gay, não está me ofendendo.
Pode me chamar de gay, é um elogio.
Pode me chamar de gay; apesar de ser heterossexual, não me importo de ser confundido.

Ser gay me favorece, me amplia, me liberta dos condicionamentos. Não é um julgamento, é uma referência.

Pode me chamar de gay, não me sinto desaforado, não me sinto incomodado, não me sinto diminuído, não me sinto constrangido.

Pode me chamar de gay, está dizendo que sou inteligente. Está dizendo que converso com ênfase. Está dizendo que sou sensível.

Pode me chamar de gay. Está dizendo que me preocupo com os detalhes. Está dizendo que dou água para as samambaias. Está dizendo que me preocupo com a vaidade. Está dizendo que me preocupo com a verdade.

Pode me chamar de gay. Está dizendo que guardo segredo. Está dizendo que me importo com as palavras que não foram ditas. Esta dizendo que tenho senso de humor. Está dizendo que sou carente pelo futuro. Está dizendo que sei escolher as roupas.

Pode me chamar de gay. Está dizendo que cuido do corpo, afino as cordas dos traços. Está dizendo que falo sobre sexo sem vergonha. Está dizendo que danço levantando os braços.

Pode me chamar de gay. Está dizendo que choro sem o consolo dos lenços. Está dizendo que meus pesadelos passaram na infância. Está dizendo que dobro toalha de mesa como se fosse um pijama de seda.

Pode me chamar de gay. Está dizendo que sou aberto e me livrei dos preconceitos. Está dizendo que posso andar de mãos dadas com os anéis. Está dizendo que assisto a um filme para me organizar no escuro.

Pode me chamar de gay. Está dizendo que reinventei minha sexualidade, reinventei meus princípios, reinventei meu rosto de noite.

Pode me chamar de gay. Está dizendo que não morri no ventre, na cor da íris, no castanho dos cílios.

Pode me chamar de gay. Está dizendo que sou o melhor amigo da mulher, que aceno ao máximo no aeroporto, que chamo o táxi com grito.

Pode me chamar de gay. Está dizendo que me importo com o sofrimento do outro, com a rejeição, com o medo do isolamento. Está dizendo que não tolero a omissão, a inveja, o rancor.

Pode me chamar de gay. Está dizendo que vou esperar sua primeira garfada antes de comer. Está dizendo que não palito os dentes. Está dizendo que desabafo os sentimentos diante de um copo de vinho.

Pode me chamar de gay. Está dizendo que sou generoso com as perdas, que não economizo elogios, que coleciono sapatos.

Pode me chamar de gay. Está dizendo que sou educado, que sou espontâneo, que estou vivo para não me reprimir na hora de escrever.

Pode me chamar de gay. Que seja bem alto. A fragilidade do vidro nasce da força e do ímpeto do fogo.

CAFAJESTADA

Não participo de reunião de condomínio. Falta apetite para discutir rachaduras na caixa d'água, criticar os cachorros dos vizinhos, elaborar planos de emergência e aprovar orçamentos. São duas horas de fofoca para dez minutos de decisão.

O único grupo que freqüento no mês é a cafajestada, encontros com amigos canalhas. Explicando, tenho três amigos canalhas legítimos e dois falsos. O legítimo: aquele que faz para contar. O falso: o que conta para um dia fazer.

A esposa procurava desmarcar minha saída com o grupo a partir de mil e um artifícios. Jantares-surpresa ou música ambiente. Na data de uma das reuniões, bem no horário, até criou uma dança do ventre sensual imitando a Shakira (realmente não consegui sair).

Por mais que avisasse que não era um canalha, mas um observador, ela desconfiava do que acontecia na Caverna do Ratão, com bolinhos de bacalhau e chopes em seqüência.

Somente se aquietou quando constatou que eu regressava com chamegos no pescoço. Mais obediente. Mais cordeiro. Manso.

É que eu escutava tanta vilania e torpeza, que eu me sentia comportado e careta. Reavia a moleza da hóstia nos dentes.

O canalha não tem passado; tem histórico. É um bicho competitivo e não mede esforços em detalhar suas cenas. Sugiro a todos os homens em crise conjugal que assistam a uma rodada de causos. Voltará curado de qualquer culpa. Equivalente em terapia aos alcoólatras anônimos.

Quem é escoltado por um amigo canalha encontra a redenção. Reconhece que suas maldades, as mesmas que subtraíram o sono por várias noites, são do jardim de infância. Por contraste recupera a paixão, descobrindo que não tem vocação para a carreira (canalhice é uma carreira e não é restrita ao sexo masculino).

Na última reunião, Zé Afonso (assim o chamo para não identificar meus amigos mais próximos) não passava bem. Atritava as chaves no bolso, não encarava nenhum dos comparsas no olho. Vivia o inferno astral. Pressionado, confessou que todas as suas amantes arrumaram namorados.

O grupo pegou pesado. Zé entrou em parafuso de dobradiça, já envergonhado da franqueza.

O parecer coletivo é que ele não era um canalha. Perdeu o título, a confiança, o respeito do seu povo.

As mulheres não poderiam — em nenhuma hipótese — abandoná-lo. Ao arranjar novos pares, demonstravam que desejavam casar. Se não com ele, com qualquer outro disponível. O canalha não pode ser qualquer outro. Era uma ofensa ao sindicato. Suas amantes teriam que permanecer solteiras, disponíveis, exclusivas. Doidas por ele. Doídas por ele. "Onde já se viu?", gritavam. "Onde já se viu?"

Eu me esforço para ser fiel ao que ouvi. Zé Afonso foi ao banheiro e não mais retornou ao convívio.

O CRÉDITO-MINUTO

Não tenho psiquiatra, terapeuta, psicanalista.

Eu seria funcional, narrando o que presta. Nenhuma vontade de impressionar. Confundiria sendo transparente.

O único psiquiatra de minha vida durou quarenta e cinco minutos. O nome dele era Zacarias. Numa época em que esse nome fazia sentido.

Na minha primeira consulta, recebi um formulário para completar. Dentre as perguntas, recordo uma: se eu gostava de homens.

Olhei para a pergunta, ele olhou para mim; eu olhei para a pergunta, ele olhou para a caneta; e nunca mais nos enxergamos.

Respondo hoje: gosto de homens. Qual o problema?

Todo homem mesmo gosta de homens. Tenho um filho homem e o amo.

Deduzia que, se assinalasse um x naquele quadradinho estúpido que sonhava ser um triângulo, ele despejaria conclusões que não são minhas. Eu não concluo, eu vivo.

E não funciona terapia comigo; fico adivinhando o que o terapeuta está pensando de mim e esqueço de pensar por mim. Eu seria o analista do analisado. Um romancista diante dele. Não falaria, ditaria frase por frase. O terapeuta seria meu datilógrafo. Meu calígrafo. Quando contamos algo, já é ficção. A memória é muito quieta.

Não que não me faltem problemas, minhas gavetas perderam os puxadores. Devo ser muito doente. Mas um doente organizado, sociável e, na maioria das vezes, simpático.

O confidente que procuro é o Lacaniano de Passo Fundo. Ele me concede sessões de graça. Ou quase; pede bourbon. Três doses de bourbon. Não adianta discutir com ele, uísque feito de milho é bourbon, não é uísque. Mesmo que sentencie que bourbon é uísque de milho.

Ele só bebe em serviço. É rude, com uma barba que quase entra pelas olheiras. Não faz firulas, nem diz: pode entrar ou como foi a semana. O cara tem problemas demais para ser educado. Põe o dedo no meu rosto com a ameaça de um olho mágico. Dispensa relógios e traz uma bússola que fica girando sem a maternidade da mata. Prevenida e avara, a bússola dele bebeu antes em casa.

O Lacaniano adianta o que nem pensei. É tão bom o pensamento dele que adoto. Sucessor do Analista de Bagé. Inventou o cotovelaço, tranco aperfeiçoado do joelhaço e mais imprevisível. O cotovelaço precisa da altura de uma mesa de bar para surtir efeito. Assusta o interlocutor de forma desprevenida.

Pelo visto, o Lacaniano é uma sumidade na dor-de-cotovelo. Parte do princípio de que verdade que é verdade está rodeada de pequenas mentiras para protegê-la. Quem não mente desconhece até o que é verdade e a deixa vulnerável.

Meus braços estão roxos. Complicado explicar para minha mulher os hematomas.

Tudo é ilustrado por animais. Ele tem o método *National Geographic* de Psicanálise Freudiana.

Ao relatar que estava com vontade de gritar o que sentia, girou seu copo e, compassivo, explicou:

— Natural, é próprio do macho. Conhece o barulho das cigarras?, e imitou: — Ihnihnihnihn.

— Professor, as pessoas estão reparando... Eu lembro.

— Unicamente as cigarras macho são barulhentas.

— Mesmo?

— Para chamar as fêmeas.

Ele nunca esclarece a relação, sempre o considero mais sábio do que meu próximo questionamento.

No último domingo (ele atende exclusivamente nos finais de semana), expôs sua tese sobre o amor masculino, a qual denominou de "crédito-minuto".

De acordo com sua visão, a fantasia masculina é feita de rompantes. Ele observa uma desconhecida e ama aquela desconhecida por alguns minutos, transforma aquela desconhecida numa lenda instantânea, insuportavelmente inadiável. É o fetiche do detalhe. O estalo pode ser provocado pelos lábios carnudos ou pela marca de nascença nos ombros.

Algo que as mulheres não compreendem. Como o homem deseja com tanto vigor num momento e desaparece no seguinte?

Reproduzindo suas palavras, a mulher tem um amor infinitivo. Ela deseja com constância, deseja a constância. O homem está mais preocupado com o impulso, o homem é o impulso. Ela deseja conhecer a vida do homem para depois alçá-lo à condição de homem de sua vida. O homem transforma uma estranha em mulher de sua vida para depois conhecer a mulher.

Mais não conto porque já estávamos bêbados.

ENQUANTO JACK ESTAVA NA GARRAFA

O lirismo corteja o pântano.
Ontem conversava com o Lacaniano de Passo Fundo e o Vampiro da Cidade Baixa enquanto o Jack ainda estava na garrafa. Reuni, pela primeira vez, os dois amigos. Não foi complicado encontrar um tema comum: sexo.

E o sexo para o Lacaniano é uma esperança dialética. Sempre que alguém reclama da vida sexual, ele vem logo com suas esporas, para espantar as frescuras do sujeito:

— Um coito interrompido é melhor do que nada.

Os aconselhados se afastam redimidos. Tanto faz a origem da crise, o esporo do Lacaniano funciona. Com a concha dos dedos, os atormentados passam a zelar a chama de seus olhos por mais uma noite.

A alma masculina não precisa de incenso. As coisas são ditas sem perfume.

Permita-me revelar um segredo proibido. O homem é derrubado pela mulher que sabe masturbá-lo. É fatalmente conquistado.

Parece que a masturbação é uma atitude de apoio, uma preliminar, uma passagem, um aquecimento ansioso pela penetração. O sexo oral é mais prestigiado. A masturbação quase é tratada como se não fosse sexo. Mas é a base do sexo.

São pouquíssimas as mulheres que entendem a importância de violar o código antes destinado à imaginação, retirando seu ardor egoísta. Naquele gesto, o homem ainda se protegia. O homem ainda poderia estar traindo-a, fantasiando com outra.

Ardilosas as mulheres que exploram e encontram a proeza desse ritmo lentamente febril. Que se dedicam a desvelar a seqüência secreta e pessoal, adquirida na infância e articulada entre o dom e o instinto. Há uma senha de quarto trancado, que é quebrada quando ela o conduz com naturalidade.

Existe no ato uma sinceridade dramática. Uma compulsão pela verdade. Uma confissão arrebatada.

Na masturbação, a vergonha está misturada à delícia e à compreensão do corpo.

Uma mulher, que masturba o homem melhor do que ele, alcançará a solidão da virilidade. Entrará em sua solidão. O homem não ficará mais sozinho. Não se entenderá mais sozinho.

Ela transfere a origem do prazer dele para suas mãos.

SEXO DEPOIS DOS FILHOS

Felizes são os pais. Insones, madrugadores, boêmios do leite quente dos filhos.

Felizes são os pais que não amam por amar; amam com violência e vontade, vencendo o cansaço, o sono e as dificuldades de estarem sozinhos.

Felizes são os pais sempre interrompidos pelos filhos pequenos bem na hora em que a preliminar aqueceu.

Felizes são os pais que insistem em recomeçar, quando a maioria das pessoas dormiria e desistiria.

Felizes são os pais quando a criança bate à porta e atendem com generosidade e disposição.

Felizes são os pais que chegam a rir da visita inesperada.

Felizes são os pais que têm humor e não são incomodados pela vida.

Felizes são os pais capazes de transas mais longas do que os apaixonados, em capítulos e com intervalos para comentários.

Felizes são os pais que acumulam tesão e não deixam nenhuma região da pele sem a cortesia do beijo.

Felizes são os pais que pintam a nudez com quatro mãos.

Felizes são os pais que colocam a tevê alto para despistar e abafam os gemidos.

Felizes são os pais que descobrem os pontos de maior prazer pela mímica.

Felizes são os pais que tapam a boca um do outro como um ladrão, para que a alegria não fuja do corpo.

Felizes são os pais que estremecem a cama e as paredes em pequenos abalos sísmicos.

Felizes são os pais obrigados a fingir os olhos fechados para liberar a casa.

Felizes são os pais com segredos de toques e carícias, sinais e acenos clandestinos, que apenas os dois entendem.

Felizes são os pais que afastam os medos, pesadelos e fantasmas de seus pequenos com histórias da infância.

Felizes são os pais que não desperdiçam a sensualidade ao mudar de assunto e reservam confidências selvagens para a concha dos ouvidos.

Felizes são os pais com corredores compridos para ganhar tempo de se recompor.

Felizes são os pais que dormem nus e se deliciam com o esbarrão no escuro.

Felizes são os pais que acampam em sua própria cama, com lençóis levantados.

Felizes são os pais que arrumam as desculpas estranhas para explicar aos filhos o que estão fazendo.

Felizes são os pais que vigiam sua felicidade e se previnem de gentilezas.

Felizes são os pais sem pudor de lamber, chupar, morder arranhar, provocar a carne para que cresça nas palavras.

Felizes são os pais que não diminuíram suas fantasias pelas responsabilidades assumidas.

Felizes são os pais que não assassinaram o amor pelo hábito de acordar junto, que reabilitaram o amor pelo hábito de esperar para dormir junto.

Felizes são os pais.

NÃO DEIXAR PARA DEPOIS

Os casais esperam a noite para o sexo.

O sexo como recompensa de um dia movimentado do trabalho, da maratona com as crianças, de uma série de pensamentos cortados. É a pequena glória de intimidade diante das conversas apressadas e da ânsia em resolver as pendências diurnas.

Alisar os pés, ouvir, ser ouvido, beijar longamente, aquecer a porção da pele dentro da boca.

Mas a televisão estará ligada e um programa despretensioso sugará atenção mais do que o previsto.

Mas o filho demora a dormir, e não faz por mal, conta histórias inacreditáveis da escola, e seu cheirinho de borracha nova impede de soltar o abraço.

Mas toca o telefone e você atende num ato reflexo, é um grande amigo que não aparecia há séculos, e entabulam um manancial de fofocas sobre vivos e fantasmas. Impossível desligar.

Mas o nervosismo de decisoes sobrepostas no emprego produz — agora no alívio do quarto — uma enxaqueca inesperada que parece desculpa para não transar.

E você, por mais bem-intencionada, por mais que tenha aguardado com banho tomado e perfumada, por mais que a lingerie nova e sexy aperte a bunda, por mais ninfomaníaca que seja, não trepa!

Cancela o desejo; e novamente acontece um dos contraceptivos intelectuais acima; e vem o dia seguinte e o dia seguinte.

Quando percebe, está por três semanas a seco com o marido.

Os casais não podem mais confundir o sexo como prêmio da quietude. Quando a casa acalmar, e ninguém mais incomodar.

Sabemos que é o ideal, só que o ideal demora ou nem acontece.

Ou os dois vão dormir ou não suportarão o próprio cansaço.

Uma coisa é teorizar, outra é contar com a sorte.

Não ajuda a mania de ter controle sobre o mundo e de planejar os incidentes. Por palavra ou esgar, o casal cobrará entre si a demora, a falta de tato, os adiamentos.

Alguém lamentará: —Você não me ama mais.

Alguém responderá: — É você que não me espera.

É uma lição que os amantes já aprenderam. Melhor perder a idealização do que a gula. Romantizar é antecipar, não deixar para depois.

Aliás, os casais deveriam revolucionar os hábitos e passar a transar de tarde, no intervalo do almoço, na trégua da tarde. Rapidinhas ou não. Deixar os amantes sem quarto em motéis. Deixar os amantes nas ladeiras, com o freio de mão puxado. Colocar latinhas na parte traseira do carro para produzir barulho de lua-de-mel. Encher os estabelecimentos em seqüência com os letreiros de "lotado". Não esperar a hora mais apropriada, namorar como no início da relação, voltando para casa de modo imprevisto, abrindo frestas, surgindo da neblina, desmarcando reuniões.

E, de noite, desobrigados, aí sim, se surgir clima, será uma recompensa.

HOMEM PERFEITO

Não interessa a uma mulher um homem que saiba tudo sobre ela, um homem que saiba tudo sobre o amor, um homem que saiba tudo sobre os prazeres proibidos do corpo. Uma mulher não se interessa por um homem que não tenha uma dose de insegurança, um quê de fascínio infantil.

Uma mulher não se interessa por homem que não teme as perguntas, que resolve os problemas com sarcasmo, que fala convicto e intrépido sobre os mais diversos assuntos; o coração dele congelado para transplante no isopor entre garrafas de cerveja.

Uma mulher não se interessa por homem que pisca ao garçom, que conversa nos ouvidos com os seguranças das boates, que a mostra com malícia e desfaçatez para os outros.

Uma mulher não se interessa por um homem que está se exibindo mais do que sendo transparente. Uma mulher não se interessa por um homem com que ela não conta com a mínima chance de modificá-lo e elogiar as transformações.

Uma mulher não se interessa por um homem que se diverte com os próprios comentários antes dela. Uma mulher não se interessa por um homem carregado de estratégias, que encadeia a noite ideal, sem nenhuma falha, sem nenhum vacilo, sem nenhuma turbulência. Ele ensaiou com quantas antes?

Uma mulher se interessa por um homem inseguro mas sincero, tímido mas autêntico, que sofre com suas gafes, engatilha desculpas ao usar um palavrão, que pede ajuda para completar a noite.

Uma mulher não se interessa por um homem blindado, que não escuta, que se esconde em um personagem para contar mais um feito aos amigos. Uma mulher não se interessa por um homem que logo vai atacando, logo vai oferecendo o endereço para esticar a conversa.

Uma mulher não se interessa pelo terno alinhado, os cabelos em dia, o pescoço perfumado, se não haverá nenhum sussurro que desperte a fragilidade masculina do outro lado.

Uma mulher não se interessa em receber flores sem raízes nos dedos.

Uma mulher não se interessa por um homem convicto, que a convida para sair, que passa uma cantada impecável e finge delicadeza para ser indelicado no dia seguinte e não telefonar.

Uma mulher não se interessa por um homem que não mudará a ordem das palavras que teve sucesso com as mulheres anteriores e repetirá as mesmíssimas vaidades da conquista. Uma mulher se interessa por um homem que confunde o desejo com a loucura e tropeça nas palavras para logo descer ao chão com ela

Canalha!

Uma mulher não se interessa por um homem que seduz como quem dá as cartas, um homem que solicita a conta como quem fecha um negócio, que a envolve como se fosse um investimento. Uma mulher não se interessa por um homem que não tenha também músculo nas pálpebras para chorar por ela, músculos na boca para guardar sua língua.

Uma mulher não se interessa por homens prontos, fechados, absolutamente perfeitos.

Não se interessa por cadáveres.

OS AMIGOS INVISÍVEIS

Os amigos não precisam estar ao lado para justificar a lealdade. Mandar relatórios do que estão fazendo para mostrar preocupação.

Os amigos são para toda a vida, ainda que não estejam conosco a vida inteira.

Temos o costume de confundir amizade com onipresença, e exigimos que as pessoas estejam sempre por perto, de plantão. Amizade não é dependência, submissão. Não se tem amigos para concordar na íntegra, mas para revisar os rascunhos e duvidar da letra. É independência, é respeito, é pedir uma opinião que não seja igual, uma experiência diferente.

Se o amigo desaparece por semanas, imediatamente se conclui que ele ficou chateado por alguma coisa. Diante de ausências mais longas e severas, cobramos telefonemas e visitas. E já se está falando mal dele por falta de notícias. Logo dele que nunca fez nada de errado!

O que é mais importante: a proximidade física ou a afetiva? A proximidade física nem sempre é afetiva. Amigo pode ser um álibi ou cúmplice ou um bajulador ou um oportunista, ambicionando interesses que não o da simples troca e convívio.

Amigo mesmo demora a ser descoberto. É a permanência de seus conselhos e apoio que dirão de sua perenidade.

Amigo mesmo modifica a nossa história, chega a nos combater pela verdade e discernimento, supera condicionamentos e conluios. São capazes de brigar com a gente pelo nosso bem-estar.

Assim como há os amigos imaginários da infância, há os amigos invisíveis na maturidade. Aqueles que não estão perto podem estar dentro. Tenho amigos que nunca mais vi, que nunca mais recebi novidades e os valorizo com o frescor de um encontro recente. Não vou mentir a eles, "vamos nos ligar?", num esbarrão de rua. Muito menos dar desculpas esfarrapadas ao distanciamento.

Eles me ajudaram e não necessitam atualizar o cadastro para que sejam lembrados. Ou passar em casa todo o final de semana e me convidar para ser padrinho de casamento, dos filhos, dos netos, dos bisnetos. Caso os encontre, haverá a empatia da primeira vez, a empatia da última vez, a empatia incessante de identificação.

Amigos me salvaram da fossa, amigos me salvaram das drogas, amigos me salvaram da inveja, amigos me salvaram da precipitação, amigos me salvaram das brigas, amigos me salvaram de mim.

Os amigos são próprios de fases: da rua, do Ensino Fundamental, do Ensino Médio, da faculdade, do futebol, da poesia, do emprego, da dança, dos cursos de inglês, da capoeira, da academia. Significativos em cada etapa de formação. Não estão na nossa frente diariamente, mas estão em nossa personalidade, determinando, de modo imperceptível, as nossas atitudes.

Quantas juras foram feitas em bares a amigos bêbados e trôpegos?

Amigo é o que fica depois da ressaca. É glicose no sangue. A serenidade.

INCORRIGÍVEL

Toda semente que jogava na terra, direto da boca, acreditava que germinaria.

Não botava os grãos no lixo. Cuspia os caroços ao longe da grama e da terra, jurando que cresceriam naturalmente.

Tangerinas, maçãs, pêras, laranjas.

Arremessava com vigor e acompanhava com simpatia os movimentos da desova nos dias seguintes.

Se fosse assim, a casa de minha infância teria se transformado em bosque espesso e intransitável.

Criança confia nas esperanças minúsculas mais do que nas esperanças maiúsculas. Ainda sou assim, afeiçoado ao engano como uma verdade. Sou fácil de ser passado para trás. E não sinto pena dessa minha crença absurda, dessa fé infantil, dessa ingenuidade inata. Melhor do que ser um pessimista que dedica sua vida a duvidar da vida. Melhor do que ser um cético que não muda de dor e não sente a súbita vontade de cantar no banho.

Não sou do tipo que crê até que se prove o contrário. Creio em tudo, mesmo quando já se provou o contrário. Surge uma esperança vã e ela toma conta de meus papéis e dos clipes. Uma palavra alegre e já faço amizade. Um assobio e me denuncio virando o pescoço.

Na escola, se uma menina demonstrava atenção, eu começava a imaginar que poderíamos namorar. Ficava anos a fio deduzindo e sonhando aproximações que nunca aconteceram. Ou por timidez ou porque ela tinha sido apenas cordial comigo, assim como era com qualquer um, e exagerei nas conseqüências. Continuo com esse dom infalível de completar os inícios das histórias.

O pai de um amigo, advogado, uma vez por semana, abria e folheava os livros de sua biblioteca, para ventilar. Ele me dizia: "Os livros pensam que estão sendo lidos e duram mais." Identifico-me com esses livros folheados.

Sem uma esperança, livro e homem se acabam e cortam a costura da lombada por dentro. Facilitam o ingresso aos cupins e traças.

Pode me subtrair o amor, a paixão, o emprego, mas a esperança não. Minha esperança é intocável. Talvez tenha se fortalecido pela memória falha. Não sou rancoroso a ponto de planejar vinganças com esmero. Esqueço o que fiz de ruim comigo rapidamente. Tinha motivos de sobra para ser meu pior inimigo, porém me perdôo ao dormir.

Nenhum trauma é maior do que o cansaço. Acordo serelepe e pronto para me conciliar com outras expectativas.

Nunca é tarde para o bosque nascer de meus dentes.

ESTAMOS CHEGANDO?

Quando estamos viajando, desde a saída meu filho resmunga: estamos chegando? Afirmo que sim, apesar de faltarem 300 quilômetros.

Cinco minutos depois, lá vem ele com a mesma pergunta: estamos chegando? Por mais que ande rápido ou vença o trajeto, nada o demoverá da teimosia de querer descer logo ou de ser informado com detalhes de onde está.

Estar chegando revela a ansiedade em definir os relacionamentos. Fala-se da proximidade para afugentar a distância. Não é uma mentira, é uma verdade afoita. Apressamos em dizer que amamos para não conviver com as dúvidas e tampouco gerar suspeitas da legitimidade do sentimento.

Há uma pressa pelo final em todo início e há uma pressa pelo início em todo final. É obrigatório dizer "eu te amo" para continuar e formalizar o laço.

Talvez seja paixão, mas "eu te amo" já pula da garganta. Talvez seja atração, e "eu te amo" fica sentado na primeira fila. Talvez seja carência, e "eu te amo" puxa a ponta da camisa e da língua para a frente. Não que seja desonesta a declaração, pois não definiremos ao longo dos dias quando se ama verdadeiramente.

A precipitação é um modo de garantir, de tomar conta. Não se vive de porta aberta, "eu te amo" é a chave. Ama-se com o quarto fechado. É dito para fazer valer o esforço da conquista, coroar a sedução, assegurar que aquela pessoa é sua, e que não mais corre o risco de perdê-la. Caso nenhum dos dois fale, amarga-se uma sensação de inutilidade e de desprezo.

Não existe como sair ileso da encruzilhada: se não apregoamos o "eu te amo", somos insensíveis; se declaramos toda hora, pode se tornar um aceno, mero cumprimento. É preciso cuidar para que não seja usado sem vontade. Um selinho não é suficiente para mandar a carta. Sem desejo, o "eu te amo" é saudação de lápide; entra-se no território da proteção e da rotina, para se despedir de amar. Servirá para afastar o beijo quando deveria prolongá-lo. E as atitudes, e as outras palavras não contam?

Quantas vezes proclamamos o amor precocemente? Antecipamos para que, de fato, venha. Prometemos para depois ver se acontece. Ainda que incomparável, o amor se faz pela comparação com experiências anteriores. Define-se pela sua força em sobrepujar as lembranças. É a superação do que foi vivido que valida ou não sua intensidade. Não representa o amor, e sim uma nova tentativa de amar.

Será que o amor não é tão-somente vontade de amar?

Não chegarei, amor é estar a caminho.

EMPRESTANDO ROUPAS AO MARIDO

Minha mulher fica possessa, mas inventei de usar seus casacos. Ela escondeu os melhores na parte inferior do guarda-roupa. Encontrei-os em longa investigação, sufocados pelo edredom. Já tomei para mim dois casacos de couro. Estão nos meus cabides, felizes com a troca rápida e indolor de sexo.

No início, fazia para provocar. Depois, surgiu como uma alegre possibilidade de ampliar meu repertório sem custo algum.

Hoje saí com uma peça dela de veludo. Antes de bater a porta, ela amaldiçoou que é um vestido. Bem disfarçado, dá para enganar que é um casaco. Não mergulhei em sua conversa. Acreditei que me constrangia para não estragá-lo. Tática de intimidação. Entre o trinco e sua boca, ouvi seu grito:

— Tem certeza de que vai sair assim?

Os botões prateados complicam as explicações. Examinado com rigor, diante do espelho, é parente da túnica acinturada que cobre o Pequeno Príncipe. Não penso mais no assunto para não sentir calor.

Não deve ser fácil para uma mulher suportar o marido roubando suas roupas. Eu a entendo e sou solidário com a desgraça. Os casacos justos e conservados tornam-se grandalhões e largos depois que devolvo. Imprestáveis. Ao casar e se ver livre dos furtos da irmã mais nova, apareço na maturidade para completar a tragédia familiar.

Com a caçula, ela sofria horrores. A mãe sempre dava razão para a menor, insistia que emprestasse e ainda a chamava de avarenta. Quem não passou por isso? Toda aquela combinação bolada durante horas de noite fracassava de manhã. Sumia algo do conjunto. Nem pedir pedia. Caso pedisse, não emprestaria, mas a educação é fundamental para o ódio.

A impunidade irritava. Incerta se não achava a saia pela pressa ou se a dileta tratara de arrancar sorrateiramente dali. O azar dela era contar com uma irmã com o mesmo número de sapato e idêntico manequim — não desejo a ninguém.

E quando a irmã quebrava o pacto de vizinhança e surgia desfilando na escola com seu modelo transado, a vontade era de se esconder e vender a confecção a um brechó.

Pior que isso é se deparar com um colega no trabalho trajando a camisa igual a sua, adquirida numa promoção. Meus impulsos homicidas são mínimos. Com certeza, esse é o primeiro deles. A ânsia de eliminar a concorrência, mesmo que seja começando por mim.

Ponho com orgulho os casacos de minha mulher. Apenas nos momentos em que não posso vestir seu corpo.

É UM ASSALTO OU O QUE ESTÁ DIFERENTE EM MIM?

Ela fez uma surpresa ao namorado, colocou a blusa que tinha recebido dele, e pulou na sua frente:

— Adivinha o que está diferente em mim?

Essa é a pergunta que todo homem teme. Um homem raramente acerta porque haverá mais de uma sutileza diferente nela. É apenas uma que deverá dizer. Apenas uma é a correta.

O homem teme, não pelo seu descaso e distração. Mas pelo modo frenético da abordagem. À queima-roupa.

Ele está encurralado, não pressentiu a aproximação, não teve tempo de fugir e inventar um compromisso. "O que está diferente em mim?" é o assalto da vida amorosa. O equivalente a um ladrão armado testando a coragem da vítima e pedindo a carteira.

Como em todo assalto, o homem é tomado de pânico. E de esquecimento. Esquece sua conta no banco, seu telefone, os anos de convivência, a data do aniversário dela, seu RG. Sob pressão, apaga, inclusive, o nome da mãe, de seu time de futebol. Ele não consegue lembrar, imagina ainda observá-la de cima a baixo, e descobrir o que é há de novo em frações de segundos. É uma armadilha: virado ao avesso pela corda das palavras, resta esperar o sacrifício. É um game, a resposta certa garantirá o relacionamento por mais dois anos, ou até a próxima pergunta.

Ela não cortou o cabelo, mas, diante da rapidez da pergunta, parece que o penteado é novo. Ela não aparou as sobrancelhas, mas, olhando bem, estão desenhadas de outra forma. Ela não está estreando a calça, mas você não se lembra daquele jeans e pode ter visitado a costureira (você mal sabe diferenciar as próprias roupas). Observa os brincos e tampouco recorda sua pedra azul, no formato de estrela. Será que é a sandália? Tenta reconstituir o que ela disse que faria hoje, para encontrar alguma pista. A confusão é absurda. Uma hipótese é que nunca parou para reconhecê-la e descobre que tudo é absolutamente inédito. Não pode declarar isso, é assumir seu pouco empenho na história do casal.

A blusa não é, elimina, foi um dos presentes de Natal e já é fevereiro.

É tarde para pedir um tempo. Lamenta que o namoro não seja uma partida de basquete, para suspender a derrota e reverter o resultado com a ajuda do técnico.

Teria que fotografá-la inteira e levar as imagens para análise. Montar um mural no quarto até definir a novidade.

Ansiosa, congelada na sua frente, ela não tolera sua demora.

— Não sabe, né?

Bate uma vontade de confessar:

— Não sei.

Recua, seria admitir a derrota.

Bate uma vontade de suspirar:

—Tudo.

Recua, seria admitir a preguiça.

Decide pelos cabelos. O homem desesperado sempre escolherá os cabelos. É o curinga, a maior probabilidade de aprovação.

— Pô, você não me ama mesmo.

O QUE É PRECISO TER EM MENTE
(sem mentir)
QUANDO UMA MULHER EXPERIMENTA ROUPAS

O homem nasceu para o halterofilismo. Levantar o moral da mulher.

De manhã, ela, no banheiro, prova uma roupa e pede opinião ao marido.

— Linda!

(Ele pensa que ela finalmente está pronta.)

Com o impacto, ela vai trocar de roupa e propõe um novo arranjo.

— Linda!!

(Ele pensa que ela finalmente está pronta.)

Decide trocar tudo, do jeans e blusa põe um vestido.

— Linda!!!

(Ele não pensa mais.)

Foram três combinações, e cada vez que o marido inflacionava os pontos de exclamação, ela duvidava e alterava o conjunto.

Parte ao trabalho emburrada, com a certeza de que o marido não a ama mais.

Casal sai atrasado de casa ao tentar a democracia.

Mulher não confia na sugestão do marido, confia na observação de outra mulher.

É como se o marido fosse obrigado a dizer aquilo. Mas se ele não declarasse, o que aconteceria?

De manhã, ela, no banheiro, prova uma roupa e pede a opinião ao marido.

— Olha, acho que a calça está um pouco abarrotada na cintura.

— Como, abarrotada?

— Parece um saco.

—Tá me chamando de cimento?

— Não, pediu para que a ajudasse, pode colocar algo que deixa a bundinha mais arrepiada.

—Tá falando que minha bunda caiu?

— Não....

Decide trocar tudo, do jeans e blusa põe um vestido. Parte ao trabalho emburrada, com a certeza de que o marido não a ama mais.

Casal sai atrasado de casa ao tentar o golpe militar.

Qualquer comentário, surgindo de uma boca feminina, não agrediria.

De manhã, ela, no banheiro, prova uma roupa e pede a opinião a uma amiga.

— Olha, acho que a calça está um pouco abarrotada na cintura.

—Também acho, lembra um saco.

— Pois é, pode tentar algo para valorizar as curvas.

— Boa idéia, nunca gostei mesmo desse jeans. Usei pouquíssimo.

Homem não é espelho de mulher, nem dele mesmo. A mulher tem independência e domínio no gosto; ela o deixa assistir, apenas isso. Entenda, é texto somente para leitura.

Quando confia no acerto, não desistirá da roupa, ainda que seja um parangolé. Quando não gosta de um detalhe ou uma peça, nada a demoverá. Nada. Nem o *Tratado lógico-filosófico*, de Wittgenstein.

É uma coerência secreta. O homem não está ali para concordar ou discordar, apesar do pedido ter sido esse. O homem está ali para amá-la. Do jeito que vier.

Sempre que cobrar atraso ou pressa, ela derrubará o guarda-roupa em cima da cama. Fica irritada com a pressão. Mas, quando ele deixa o tempo livre, sem nenhuma irritação e aviso de despejo, botará a primeira roupa que cogitar e sairá determinada da melhor escolha.

O homem nasceu para o halterofilismo. Utiliza apenas os halteres errados. Deve levantar a imoral da mulher.

De manhã, ela, no banheiro, prova uma roupa e pede opinião ao marido.

— Tira só um pouquinho essa blusa pra se enxergar melhor a inclinação de seus ombros. Assim, está linda.

— Gostou?

— Tira só um pouquinho essa calça, pra andar em suas pernas. Assim, está linda.

Casal sai atrasado — e feliz — de casa porque sempre foi monárquico.

BOÊMIO DE CASA

Quem chamou minha atenção foi Nelson Rodrigues, mas poderia ter sido minha esposa.

Eu chegava em casa e — como a maioria dos vivos — tomava um bom banho e demorava um tempão diante do guarda-roupa para escolher o abrigo mais velho. Tinha que ser uma segunda pele masculina, dolorosamente surrada, condoída de lavagens. Não dava para alisar muito o pano, senão os fios se apaixonavam pelos dedos.

Minha mulher voltava do trabalho e lá estava a recebê-la na sala, impecavelmente desalinhado. Um abrigo antiaéreo. Camisa renegada, calça com leves escoriações e o tradicional chinelo de dedo. Faltava apenas o capuz. Em suma, empertigado com o melhor da minha pior roupa.

Por que não nos vestimos bem dentro de casa? E justamente para quem amamos?

Para sair à folia ou balada, não poupamos espelho, caprichamos o visual, alguma coisa tem que ser nova, ainda que seja um acessório. Talvez um cinto ou uma cueca. Para ver os outros (desconhecidos), para ir ao emprego (aos colegas de sempre) nos esmeramos na composição e sobreposição de cores.

Não me arrumava para minha esposa. Logo para ela. Como confiava que ela me amava, dava o desconto e deduzia que não precisava impressionar. Quando não impressionava, deixava de seduzir e cometia a infelicidade de me contentar com o passado. Nos primeiros meses de namoro, ou dormia nu ou com camisetas que saíram da vitrine direto ao meu tórax. Após a conquista, virei um abandonado com causa. Além de me suportar acordando com os cabelos em pé (ou o resto de meus cabelos), ela agüentava adormecer ao lado das minhas vestes de mendigo, mesmo que cheirosas.

Depois do casamento, concluo que somos um restaurante demolido que só atende tele-entrega.

Cedi à tradição que para ficar à vontade dependia de trapos. Em casa, um brechó. Na rua, uma loja que não aceita cheques. Por que não guardar o que mais gostamos para desfrutar na residência? Por que confundimos intimidade com desleixo?

Amar não é relaxar, mas se concentrar.

Na sexta, enquanto os roteiros de cinema e de restaurantes mudam a programação e o cardápio, decidi ser o boêmio de casa. Um boêmio caseiro. Um boêmio do corpo de minha mulher. Ponho música, lavo os copos do nosso bar, pontuo o uísque com gelo e conversamos no terraço. Conversamos e dançamos para o nosso prazer — sem a necessidade de mostrar que estamos felizes. Não podemos reclamar de nada, muito menos das músicas do DJ. A ansiedade de sexta é a nossa tranqüilidade, o nosso domingo. Sapatos novos, calça jeans bronzeada e uma camisa com os botões virgens. Eu me arrumo agora para entrar em casa, não somente para sair.

UNHAS I

Desafio os homens a fazer as unhas. Retire as cutículas, ponha a base, escolha um esmalte. É uma outra dimensão de comportamento que se abre. Não estou exagerando. Ensina sobre o fim dos relacionamentos, a porção indefesa de cada um.

É perceber os dedos finalmente nus, redondos, inseguros. Descobrir que o casaco das mãos estava do lado errado a vida inteira. Arregaçar finalmente as luvas. Redefinir o tato.

Um lazer esticar os braços como os pés no sofá. Lixa, água quente, tesourinha.

Uma alternância prazerosa que vai soltando as defesas. O diabo é depois, quando as unhas estão pintadas. Se não pagou na entrada, será impossível retirar a carteira do bolso e assinar o cheque ou encontrar o cartão. Qualquer atrito e já estragou a pintura e botou o dinheiro e o tempo fora.

Considerava exagero ao escutar a mulher alegando que não podia lavar a louça ou pegar as chaves dentro da bolsa. Concluí que ela atenuava a tragédia e escondia o pior. Conhece-se um estado de insegurança e nervosismo. Como dirigir com a tinta úmida, prender o cinto, fechar a porta, direcionar as marchas, sem encostar? O que fazer, se o esmalte demora uma hora para secar? Encontra-se dependente de ajuda, exposto, vulnerável, a esmolar compreensão e empatia. A vontade é deixar as mãos no varal com dois prendedores.

Quando o casal está nas últimas é como se tivesse feito as unhas. Nem briga mais, porque não acredita sequer nas brigas. Marido e mulher perdem a esperança do conflito para atrair o interesse. Desprotegidos e ansiosos, jogam no erro um do outro.

Uma fragilidade no aguardo do risco, do borrão, de um esbarrão inevitável. Um descuido, e se explode.

Um desleixo, e a raiva vem pelas narinas antes da boca.

Um lapso, e o desenho luminoso se esvai.

Pintar as unhas é conhecer o quanto se é indefeso. Covardia de tocar, apreensão de estragar o que foi feito. O bife logo sangra e repuxa a pele. Não adianta soprar para apressar a secagem. Bolhas surgirão na textura. Trégua da paciência, de engolir a seco as hesitações e seguir segurando o mundo sem as pontas das digitais.

Aprontar as unhas é um teste de solidão. Bem que pode vir a ser um exercício dócil de convívio e companheirismo. Com alguém ajudando e entendendo ao lado, fica apenas a impressão de conforto, sem farpas ou pontas a irritar os movimentos. A superfície lisa deslizando mais rápido. Deslizando.

UNHAS II

Eu não poderia ter cometido maior traição: roubei a manicure de minha mulher.

A manicure já era ocupada e tratei de me antecipar. O horário que restava era o do almoço. A esposa ficou inconsolável, mas deve ter pensado "melhor trocar de manicure do que de marido".

Ao fazer as unhas, eu me coloquei no lugar de minha esposa. Por que ela deixava tão radiosa o salão? Por que sua alegria era leveza ao visitar o carrinho de esmaltes, acetonas e algodão? O que eu me esforçava para fazer e a manicure resolvia sem sofrer? Não estou me referindo à beleza, mas à verdade.

Minha mulher chegava em nossa casa confiante, disposta, num estado semelhante ao meu quando voltava do estádio em vitória do time ou de um jogo triunfante com os amigos. O que se passava lá?

Meses sucessivos observando as mesinhas com ardor indiscreto, levantando conversas absurdas, descobri a resposta: a manicure sabia ouvir. Ouvir com atenção. Ouvir com delicadeza. Ouvir frente a frente, ouvir com os olhos postos na boca. Não ouvir com os ouvidos, e sim com todo o corpo. Não ouvir correndo como eu, do quarto à sala, como quem já está pensando em outra urgência. Ouvir parado, com os pés mergulhados nos olhos. Não ouvir como eu, mudando de assunto como quem cumpre um inventário rápido do dia para se ver livre da preocupação.

Ouvia com disposição. Como se estivesse dentro de uma igreja ou de uma sinagoga. Ouvia baixinho, com a atenção cúmplice, como um pássaro diante de um miolo de pão, provando devagar e virando a migalha para o lado mais seco.

Como podemos compreender nossa mulher sem ouvir? Sem ouvir o que não interessa, justamente para criar novos interesses?

Ao invés de ficar pensando o que ela deseja, deveria desejar junto.

Minha mulher é minha amante, é mãe, trabalha, estuda, está preocupada com a bagunça da casa, com a agenda do nosso filho, com o almoço e a janta, ainda encontra humor para sair comigo, ir ao cinema, me acompanhar a eventos, adora dançar, ler histórias, brincar de videogame com a criança, visitar os pais, telefonar para os amigos.

Ela pode estar na maior faceirice num restaurante e emudecer de apreensão. Pergunto o que foi. Ela reparou — sem anular o fio da conversa — que está chovendo e as roupas ficaram fora. Quando que me lembraria disso?

Minha mulher está em todos os lugares, mas nunca abandona o meu corpo.

O homem, quando é dispersivo, está desligado. Simples, direto, funcional. Fora da tomada. Quando a mulher está dispersiva, está ainda mais ligada, atenta à ordem secreta da amizade. Não há maior doação ao mundo.

Até hoje, o sono de minha mulher, depois que ganhou o filho, é leve. Acorda para o mínimo barulho. Pode acontecer um incêndio no próprio quarto e estarei roncando. Ela não, se acostumou a ouvir a criança no ventre. Será capaz de ouvi-la em qualquer freqüência. Escuto seu choro, ela escuta além: sua respiração.

Minha mulher suspira pouco ou não a observo direito?

Conheço sua rotina, ela põe os travesseiros na janela ao acordar, dispõe os chinelos debaixo da cama como um tapete, toma café pingado, adora provar a comida na concha da mão, é colorida como um prato de salada. Conheço o quanto ela se desgasta para ser feliz, o quanto ela aposta na relação, o quanto ela desenvolve o deslumbramento no filho.

Apesar da intimidade, necessitei aprender de sua manicure o mais importante: o quanto ela quer ouvir de mim que simplesmente estou ouvindo. Não pede uma declaração de amor, pede meu silêncio compreensivo. Um silêncio alegre da identificação. Um silêncio seresteiro, de musicar o convívio pelas janelas.

A maior dor é quando não temos pele para envolver o que amamos. A mais grave dor não é a dor de osso, é a dor da pele. A dor da superfície, a dor de não ser simples. Ouvir é dar pele, embrulhar cada palavra com a seda dos cuidados.

Ao ouvir, tomaremos sol, e as lembranças não queimarão; tocaremos na memória, e ela não gritará de ardência; brigaremos e não faremos as malas.

Não deixar que a vida passe sem dar-lhe a pele da audição. A indiferença é a queimadura de terceiro grau do amor.

Na única vez em que nos separamos, esqueci — como sempre — de pegar a toalha na hora do banho. Ameacei gritar, porém não adiantaria, não havia ninguém em casa. Ela havia deixado sua toalha molhada no banheiro. Não reclamei de seu triste hábito. Eu me sequei exaustivamente com ela. Com o seu cheiro.

A ESTRADA NO MEU QUINTAL

Lavar o carro para o homem é como chorar assistindo filmes. Um modo de se emocionar e não dar na vista. Um modo de ser mais do que um homem solitário, de ser quatro passageiros e um motorista ao mesmo tempo.

Talvez as mulheres não entendam o que isso significa. É a maquiagem masculina.

Eu me sentia adulto quando meu pai me convidava para lavar o carro. Ainda por cima ganhava banho grátis de mangueira.

Podia entrar no automóvel e brincar com o volante. Ele me alcançava uma flanela e ensaboávamos as rodas, as janelas e a frente. Nossas mãos se confundiam, rápidos pára-brisas. O chuvisco frio arrepiava as canelas. Andando em círculos, nos esbarrávamos e ríamos da ternura involuntária.

Uma das raras cenas em que conversávamos sobre o que viesse à cabeça, sem censura e medo. Meu pai era um na mesa e outro lavando o carro. O primeiro, severo; o segundo, amoroso e leal como a água correndo. Meu pai agia como avô, desobrigado dos castigos e das reprimendas. Ele me ouvia com uma atenção absoluta, como se fosse meu professor e eu esperasse alguma nota no final do trimestre.

Naquela época, não havia mordomias como lavagem a jato ou lavagem expressa. Não se transferia o encargo para postos ou flanelinhas. Lavar o carro acontecia em casa, pessoal como escova de dente, certo como confissão antes da eucaristia. Eu e o pai levávamos uma hora para escovar os bancos (sem aspirador de pó), tirar a espuma, passar jornal nos vidros e encerar. Ele me fazia acreditar que era dono do carro tanto quanto ele. Ainda me elogiava pela dedicação, e eu retribuía com o brilho. Nunca vi homens se elogiando com tamanha franqueza como nesta circunstância. Eles se desnudam diante do motor e não se preocupam em mostrar virilidade.

O carro era o cachorro da família, abanava o pêlo depois do ritual. Sacudia os fios e logo saía correndo a se sujar pela terra e ruas.

A história de minha família é a história de seus carros. Não se trocava o veículo todo ano, contei com dois na infância, usados até estragar na estrada: um Corcel amarelo e uma Belina branca. Meu pai tinha um apreço desmedido por eles. Um risco na lataria o chateava por semanas. Depois da janta, escapava de mansinho e apalpava o pequeno estrago, só detectável por ele, mais ninguém. Não era nada, mas ele identificava a distância, tal ardência de cicatriz no próprio rosto. O carro doía nele.

Como não arrulhar a boca quando o pai chegava no portão buzinando, de surpresa, com o carro novo? E despencávamos pelas escadas para o primeiro passeio, os estofados engomados exalando o plástico recém-tirado. Disputava com os irmãos quem entraria primeiro.

Olhar as janelas para ser olhado, a exemplo de manequins vivos nas vitrines. Acenávamos a qualquer um, com o único propósito de se exibir. A mãe apertava os botões de seu vestido com espanto e desconforto (consciente das dificuldades financeiras que viriam), em seguida cedia ao desatino ruidoso e amarrava um lenço no pescoço de atriz de cinema. Ficava absurdamente bonita, sua pinta como uma segunda boca.

Cantávamos juntos, desafinados, com a alegria destreinada. Não previa as adversidades, não existiam em minha imaginação. Não cogitava a loucura paterna de tomar uma dívida além do seu salário, não aventava a hipótese de que ele não dispunha de poupança para saldar o negócio. Pensava que o carro era nosso na hora, alheio às quarenta e oito prestações e ao esforço de superar a despesa-extra.

Hoje convido meu filho a lavar o carro. Eu já fui ele.

CADÊ A CASCA DE AMENDOIM?

Não sei se isso também ocorre no Maracanã, no Morumbi ou no Olímpico, mas minhas mãos estão mais surdas. No estádio Beira-Rio, está proibida a venda de amendoim com casca, para evitar a sujeira. Pode soar ridículo alguém reclamar do veto do amendoim com casca, mas eu protesto. É como perder a sonoplastia do jogo, o som das minhas batidas cardíacas. Os jogos ficaram silenciosos. Mudos.

A casca de amendoim era mais importante do que o amendoim. A casca de amendoim era meu radinho de pilha. Desde a minha infância, torcia quebrando sua couraça com os dedos, estalando seus aquedutos à procura de suas pequenas jóias escuras. A casca de amendoim me livrou de roer as unhas, me livrou de infartos, me livrou da violência reprimida ao juiz. Eu colocava minha força na casca de amendoim. Ela me tranqüilizava.

A casca de amendoim é terapêutica. Ela me consolava com sua conversa de botões. Na arquibancada, costurava cascas de amendoim. A casca de amendoim é lírica.

Quem censurou a casca de amendoim não teve mãe rezando terço de madrugada. A casca de amendoim é terço de homem, meu terço das ruínas.

Quem censurou a casca de amendoim não suportou frio no estádio e não foi obrigado a desviar a atenção dos pés gelados e úmidos para as mãos trabalhando a britadeira dos grãos. A casca de amendoim é meu cachecol de relâmpagos.

Quem censurou a casca de amendoim não entende o tamanho da ansiedade do intervalo entre o primeiro e o segundo tempo. Não tem filhos para repassar a arte de quebrar amendoim durante o ano. É uma arte sucessória, para que a criança não passe vergonha ao enfrentar as nozes no Natal.

Quem censurou a casca de amendoim não entende a gravidade de uma derrota no domingo para regressar ao trabalho na segunda-feira. É necessário amassar o pão antes que o Diabo o faça.

Não tenho ostras para irromper, não tenho mariscos, nem mar a me levar para longe. Eu só tinha as cascas de amendoim de cardume para espreguiçar os braços e arremessar o fôlego.

Agora os vendedores me oferecem o amendoim pelado, o amendoim tosquiado, sem a vida de sua terra. O amendoim solitário, sem o condomínio das pedras. O amendoim sem personalidade, sem forma. Como um time sem camisa. O amendoim sem casca é um amor sem os defeitos, é um amor sem a rotina, é um amor sem as brigas ao entardecer, um amor sem ciúme, um amor sem reconciliação.

Não quero, quero a casca de amendoim de volta. Fazer um tapete sobre o meu canto, um tapete de ruídos em meu colo. Um tapete para não me perder quando vou buscar cerveja. Um tapete que formei em décadas de minha vida num degrau de cimento ou numa cadeira de ferro. Um tapete para fixar meu lugar, já que o coração é grande e o mundo mais vasto ainda.

PAU DURO

O homem pena por estar exposto. Sem querer, concebe fantasias eróticas numa reunião de trabalho e o volume da calça o entrega. Ele não consegue esconder quando está desejando, quando está distraído, quando está longe. Incapaz de mentir sua vontade. Incapaz de fingir. Incapaz de disfarçar.

Um leve presságio, o membro salta. Ajeita-se de lado, ele dá cambalhota e retorna à posição original. Tem a elasticidade de um ginasta olímpico. Tenta-se recordar da vó, da tia, da morte, da mendiga mais descabelada, despistar as imagens, mas nada o demove da inflação. O equivalente seria se, excitados, os seios crescessem, a ponto de furar o sutiã ou inchar a blusa.

É comum o homem despir na sua imaginação a mulher com quem conversa. Terrível confessar isso, mas é um hábito, um treino, uma maldição. Tanto faz o assunto, ele tratará de arrancar as roupas dela em pensamento. Confere se vai apreciar e sonda as conseqüências. É óbvio que nem sempre agüenta avançar no exercício.

Não se respeita um homem com pau duro. É — de cara — um tarado. Provoca a piada. Desde criança, enfrenta-se o constrangimento de abafar o desejo e a curiosidade, de enganar o corpo.

Já passei por sérias dificuldades. Na escola, sentava atrás da menina que gostava. Numa manhã, ela veio com os cabelos cheirosos, cheirosos demais. Fechei os olhos e iniciei o percurso de seu pescoço. Quando chegava perto da boca, a professora de Matemática me chamou ao quadro negro. O que fazer? Tinha um agravante do uniforme escolar, cilada para crianças excitadas. A calça de abrigo, o tecido leve, facilitava a alavanca. Preso à cadeira, disse que desconhecia a resposta e que convidasse outro. Ela insistiu que eu fosse. Fui. Arrastei o caderno comigo. A professora advertiu para deixá-lo na carteira. As risadas vieram depois para balançar o lustre.

Em outra cena, eu transava quando chega o entregador de comida árabe. No terceiro toque da campainha, decido ir de qualquer modo. Ando meio encurvado, para desviar a atenção. O entregador observa o desnível de minha cintura e descubro que ele é banguela. Levei a encomenda com a terceira mão.

O pau é incontrolável, não tem como suborná-lo ou fazer um acordo — goza de vida própria. Ele poderá apreciar o que seu dono não aprecia, pedir para fazer o impossível, encantar-se nos momentos de maior constrangimento e luto. Não respeita a mulher de seu melhor amigo ou a filha de sua melhor amiga. Endurece, e pronto, teimoso que só vendo. O jeito é dobrar as pernas, andar como um pato, botar a pasta na frente e rezar, rezar muito para que ninguém note a diferença.

PATIFARIAS

O homem quando quer é pródigo em patifarias. Quando não quer, também.

Meus três amigos são refinados em suas obsessões. Abertos à mais sublime fidelidade desde que não escutem uma frase. Uma frase, e colocam sua vida em leilão. Agem por recalque infanto-juvenil. Alheios aos motivos, são indestrutíveis em seus planos. Com uma frase, ficam perturbados, virais e carregados de segundas intenções. Param seu trabalho, sua rotina, cancelam jogos de futebol, passam a freqüentar lugares inéditos e a responder defesas femininas com uma alta velocidade de pensamento.

Se não fossem meus amigos, seriam doentes. Destroem o que enxergam pela frente sem compaixão. Eu fico com dó das vítimas. Ajudo a patifaria, tentando atrapalhar. Elas supõem que minha advertência é uma brincadeira, que não seria direto, e deixam rolar.

Tudo que os meus amigos desejam é que elas deixem rolar.

Não expliquei qual é a frase. Não vou denunciar o nome de meus comparsas, ainda em atividade, já que o amor é um crime inafiançável. Empregarei pseudônimos: Bob, Bil e Brejo.

O Bob está casado há cinco anos. Nunca passou de cinco anos num casamento. Ele é um poodle para sua mulher. Lambe, mexe o rabo, pula em seus braços. Não depende de coleira para retornar ao lar. Sua biografia seguiria normal, pacata, ao permanecer longe de uma única sentença. A Sentença.

Estávamos numa mesa de boteco, e uma conhecida de um colega sentou junto. Desprevenida, ao lado dele. Bonita, com um pescoço largo que dá vontade de voltar ao inverno imediatamente. Não sou de controlar a conversa vizinha, porém ouvi a menina comentar cabisbaixa:

— Eu tenho namorado!

Feito! Bob engoliu a própria língua e abriu a gula dos braços. Ao invés de se intimidar, avançou. Não pode escutar essa frase que vira solteiro de novo. Reconhecível o medo de vidro da moça. Ela estava prestes a se quebrar, não tem idéia de onde se meteu. Ele não pensaria em outra coisa senão conquistá-la. Permaneceriam casados cincos anos.

O Bil é tarado por noivados. Considera o namoro muito provisório e pouco emocionante. Já o vi atuando em uma padaria. É solteiro, mas paga pensão a três filhos de três mulheres diferentes.

Uma beldade de tranças loiras e olhos azuis, cara de pura e de noviça, pedia cacetinho numa padaria. Quatro cacetinhos, fremindo o bilhetinho no balcão.

Ele a esqueceria como esquece a si mesmo com facilidade. Entretanto, ela se corrigiu à atendente:

— Cinco, meu noivo nunca fica nos dois.

"Noivo? Ela tem noivo?"

Bob puxou papo de velório, de turfe, de vernissage, desesperado à cata de informações. Ele se assanha com mulheres noivas. E não sossega o pito até destruir a festa de casamento. Suas três ex foram noivas dissolutas.

Brejo é o mais cachorreiro dos rapazes. Ele não ambiciona casar. Procura as comprometidas, espécie de desafio de alto risco e periculosidade, que não vão incomodá-lo com pedidos, súplicas e promessas.

No primeiro encontro, beija a mão esquerda das mulheres, beija a aliança que buscará cuspir para fora do dedo. Larga a companhia ao transar na cama do marido.

Meus amigos são patifes. Belos patifes. Se soubessem o que fazem, continuariam fazendo.

LITRÃO

Decidi fazer vasectomia, depois de dois filhos no mundo. Não esperava as reações mais desbaratadas entre os próximos. Minha mulher considerou um ato de extremo amor, já que encerrava com ela minha carreira fértil de varão. Abraçou-me com as pernas, emocionada, como se a houvesse pedido novamente em casamento.

Entendeu que eu me aposentava aos 35 anos, quando ainda renderia muito em campo. Largava a possibilidade de vir a ser de outra em igualdade de condições. Escolhia sua comodidade; ela deixaria de ser a culpada pela gravidez (sim, o homem sempre culpa a mulher e esquece que também é responsável) e de se preocupar com camisinha estourada, anticoncepcional ou cogitar métodos alternativos como o DIU.

Fui conversar com os amigos para tirar a teima do assunto. Eles brindaram meu nome com efusão, pagaram a bebida e me carregaram nos ombros como um ídolo no bar. A tese deles é que eu poderia trair sem me comprometer com amantes caçadoras de filhos. E seria até engraçado ser informado por uma mulher que era o pai de sua criança e responder: — Não fui eu, fiz vasectomia. Fiquei perplexo com a imaginação diabólica da rapaziada.

Inventei de contar para a minha mãe, que não escondeu a felicidade. Elogiou a inteligência da iniciativa, agarrou-me como se fosse agenda de adolescente e esclareceu — entre suspiros e bênçãos — que agora só pagaria pensão para o passado. "Finalmente, ele não é mais ingênuo", me confidenciou, com a impessoalidade de uma terceira pessoa.

Nada de mesa de cirurgia, procedimentos complexos, a vasectomia foi simples como exame de clube de natação. Pude sair dirigindo no mesmo dia, e a única precaução era não carregar peso e comprimir uma bolsa de água fria nas bolas. Minha mulher enfrentou três subidas, sozinha, com as compras do supermercado nos quatro vãos de escadas. Fazia tempo que não me sentia adoentado — a última vez aconteceu na 5ª série, quando caí de febre para não cumprir a prova de Máximo Denominador Comum. Aproveitei o luxo do descanso mais pelo folclore do que pela realidade. Menti as recomendações do consultório, como se eu precisasse mais do que pedras de gelo em meu uísque.

Estranho é que mantinha provisoriamente a fertilidade. O médico avisou que havia chance de gerar filho (numa hipótese remota, mas estatística) nas primeiras 25 ejaculadas após a operação. O risco é que sobrassem ainda Fabricinhos no saco. Concluídas as vinte e cinco, teria que levar uma amostra do esperma para a análise e receber a sentença final. Comprei um quadro-negro e botei na parede do quarto, no lugar de "O beijo", de Klimt, guardado debaixo da cama.

Péssima idéia. E eu sou homem de contar trepadas? Estava destinado a registrar cada desempenho com um toque do giz.

Porém, me afligiu uma dúvida, e a transparência do relacionamento dificultou o raciocínio. As punhetas, o que faria com elas? Marcaria também no quadro? Passei a roubar minhas próprias gozadas, e a esposa inventou de apagar algumas dizendo que estava me apressando e que não sabia ser honesto nem durante o sexo. Não ia dizer que homem casado também se masturba... Arrumei um controle paralelo nos papeizinhos amarelos, somando as transas reais e as fictícias.

Alguns pacientes entendem errado o aviso das vinte e cinco golfadas. Ao invés do potinho de laboratório com a vigésima sexta ejaculação, um deles apareceu no consultório com um litrão de coca-cola e entregou ao doutor, alegando que tinha sido difícil coletar tanta porra. Durante dois meses, gozou dentro da garrafa. Quase se apaixonou por ela, quase morreu no gargalo.

PEQUENOS FURTOS

Existem pequenos furtos facilmente tolerados. Não estou me referindo aos sentimentos roubados, que são os piores crimes. Furtos leves que viram gracejos. Não entendo o motivo, mas são vistos como brincadeiras.

O que faz alguém com posses, responsabilidade e educação furtar um cinzeiro de um restaurante? Botar na bolsa ou bolso o objeto com a despretensão de quem assoa o nariz. Sair com a impunidade de um sol. E não se coçar de culpa.

Pois tenho um parente bem resolvido, que transportou o cinzeiro, o paliteiro e o saleiro do restaurante. Ainda deixa a trinca roubada com nome e endereço do lugar em cima da mesa da cozinha, exibindo o troféu às visitas. Pode? Já fiquei com vontade de desfalcar a jarra do azeite para completar a minha familiar coleção. No momento da fuga, desisto. Consigo unicamente roubar de mim, nunca dos outros. Faço um olhar suspeito que até as lagartixas estranham.

Sinto-me anti-social, excluído da estratégia adotada pelos grandes círculos. Visitava um amigo no interior de São Paulo, e o que reparo na escrivaninha: um cinzeiro de restaurante de

Porto Alegre. Sem comentários. Isso, que ele nem fuma. Será que é falta de educação sair de um lugar sem levar nada? Acho que preciso me acostumar à moda. Essa pequena transgressão deve trazer charme às vidas regradas, comportadas, de guardanapo nos joelhos. É um sinal de desobediência civil ou de indulgência intelectual.

Hotel é a principal vítima dessa modalidade de desaparecimento. Claro que o hóspede responderá ao fechar a conta: "Consumi apenas água." Não fala que está carregando o xampu, os sabonetes, as toalhas e, se perigar, o lençol do quarto, todos comprimidos na mala. Isso acontece porque não estamos em casa de amigos? Por que ninguém nos enxerga? Assusta-me o que se pode fazer quando não se é visto. A atitude é uma travessura ou uma necessidade?

A desculpa para os desaparecimentos é uma só, a de querer uma lembrança do local. Pelo jeito, já não basta ímã de geladeira, porém se deseja a geladeira. Testemunhei loja em incêndio, onde transeuntes exploravam o estabelecimento para abraçar o que pudessem encontrar pela frente. Gente de gravata e maleta, que corria como um indigente faminto para tirar vantagem da situação. Esses furtos invisíveis formam uma corrente, uma seita. Do avião, pega-se o cobertor. Do ônibus, belisca-se o travesseiro. Se fosse possível, transportavam-se as cadeiras dobráveis do cinema.

Não me interessa julgar, esses furtos devem ser perdoados. Não perdôo quem carrega chinelos de motéis. Aquelas patas desengonçadas, ridículas, desconfortáveis. Tudo tem limite. Levar chinelo de motel é a decadência.

OS RUÍDOS DE CASA

O amanhecer me liberta. Tudo está por ser feito.

O entardecer me prende, cheio de roupas a recolher.

Eu dormi na minha infância em casa de madeira. A fresta me dizia as horas pela luminosidade. As tábuas do piso avisavam quem já estava acordado. Conhecíamos os familiares pelo peso dos passos, pelo jeito de abrir as portas, pela força que fechavam os armários. Suaves e cerimoniosos. Apressados e bruscos.

Minha avó andava de meias para não despertar os netos, minha mãe arrastava chinelos com ânsia de festa, meu pai se espreguiçava com seus sapatos de bico fino. As gavetas rangiam documentos importantes.

Do quarto, era possível deduzir quantas chamas estavam acesas na boca do fogão.

Do quarto, era possível deduzir o momento em que a jarra do leite fora posta na mesa.

Do quarto, era possível deduzir a xícara aterrissando no pratinho. Antevia, inclusive, o número de colheradas de açúcar.

Os barulhos me confortavam. Nada era mais delicioso do que acordar com cheiro de café e de pão quente e escutar o som nítido da peça povoada ao lado. Acordava alegre porque alguém me esperava para conversar. O dia não dependia só de mim.

Magia semelhante acontecia com o som da máquina de escrever no escritório. Sem abrir a porta, podia reconhecer a criatividade pela rapidez das teclas, e a falta de idéias pela lentidão entre um movimento e outro. Quando entusiasmadas, as mãos caminhavam com a pressão dos pés. Máquina de escrever se assemelhava a um tambor, o rugido chamava a letra. Assim como o latido me fazia adivinhar o tamanho do quintal.

Não sou das casas silenciosas, acarpetadas. Sou do ruído, do vazamento, da movimentação da cozinha. Quando se entra em um bosque, exclamamos: "Que silêncio." Mas não pretendemos falar que não se ouve nada. A calma encontrada não abole o linguajar dos animais. Em qualquer mata, os barulhos dos bichos não incomodam. São barulhos necessários, barulhos vivos, barulhos da paz, barulhos da convivência.

Não vejo a voz como proibição da tranqüilidade. Tento ser sempre desse jeito: o corpo como piso de madeira, para escutar os pés de todos que amo se movimentando enquanto durmo, ou uma máquina de escrever, em que os dedos, como pássaros, catam milhos.

Sonhamos melhor com a certeza da companhia.

A FIDELIDADE DOS PÁSSAROS

Para Paulo Flávio Ledur

O homem é um bicho curioso, sacrifica uma relação e parte para outra por ambição.

Se casa cedo, pensa que faltou conhecer mais mulheres antes.

Se casa tarde, acredita que, quando solteiro, havia mais chances de ser feliz.

Homem é um bicho nostálgico. Nunca está satisfeito com o que tem. Fica enjoado com rapidez. Enjoa de si mesmo. Ao invés de melhorar e treinar com afinco, troca o técnico ou culpa a torcida.

O homem cogita que é desfavorecido. Enquanto come, olha o prato do outro. Deveria aprender mais com os pássaros.

Um pássaro não morde vários frutos ao mesmo tempo para descobrir o sabor de cada um deles. Não estraga os frutos pela ânsia da posse. Não quer ter todos, mas ser todos em um. Não destrói a árvore para fazer barulho. Ao bicar um fruto num dia, volta ao mesmo fruto no dia seguinte. É leal e econômico no afeto.

Descasca o sumo de leve com o bico e toma cuidado para não assustar os insetos dentro. É devoto em sua escavação. Leva o alimento para os filhotes, abastece seus olhos africanos, engrossa seu ninho de estrelas e regressa ao seu ponto de origem. Um fruto durará uma semana em seus volteios. Até não sobrar nada, até a semente ficar lustrada de sol.

O homem é um bicho insatisfeito. Deixa marcas, cicatrizes tatuagens e provas de que esteve ali. Morde uma cesta inteira de maçãs sem sequer terminar uma delas, sem conhecer a alegria do pecado de se dedicar somente a uma delas. Pode amar para provocar ciúme, abandonar uma paixão para mostrar independência, trair para magoar, ferir para gerar autoridade. Interessa-se pela quantidade, por contar quantas mulheres teve, por contar quantas vidas perdeu.

O pássaro é um bicho invisível. Não muda a ordem, é capaz de arrumar sua cama, mesmo hospedado em hotel. O homem deveria observar mais os pássaros. Eles mordiscam os brincos das árvores e não derrubam as orelhas. Não precisam de platéia para matar a fome, não se dispersam na avidez.

Os pássaros circundam, namoram, seduzem a fruta antes de pousar. Batem as asas com força para depois descer o próprio corpo flanando. Têm imaginação. A imaginação hidrata.

FOLHA DE ROSTO

É triste encontrar um livro autografado no sebo. O desconsolo de ser recusado pelos pais biológicos. A dedicatória ingênua acreditando na leitura, alheia ao desprezo que lhe será reservada. A data e os nomes evidentes, mal sabendo que seriam revendidos como artigo anônimo. O volume repudiado volta idoso e frágil às livrarias, sem a arrogância de lançamento, aguardando a adoção em nome do preço baixo.

Ainda mais triste do que encontrar um livro autografado no sebo é encontrar um com a folha de rosto arrancada. Um livro autografado é decente perto de um que teve a letra do autor expulsa como erva daninha. Quem vendeu o livro desejou apagar os vestígios do crime, sair impune, não denunciar seu pouco caso. É desonesto porque recusou se envolver. Agrediu a encadernação para não sujar as mãos. Desequilibrou a lombada para preservar a identidade. Tem ciência de que agiu com desdém e não se preocupa. Deduz que um pecado escondido não é pecado, que, se ninguém viu, não existe.

O casamento é a folha de rosto, pode-se dizer que é um preciosismo, mas não é. Quando se quebra a confiança de um casal, seja por uma mentira, seja por uma traição, é penoso restabelecê-la. Requer generosa compreensão. A folha de rosto não muda uma linha do conteúdo do texto, só que altera o jeito de ler a obra. Apesar de a criação estar lá intacta, a numeração não ter pulado, a ordem dos parágrafos revelar-se idêntica, algo foi cortado com grosseria e precipitação, algo foi cortado, e logo o que justificava o início do relacionamento. A integridade foi destruída e invadida.

Ao tirar a folha de rosto, sacrifica-se o território da intimidade. De igual modo, a infidelidade sacrifica o desejo da perfeição que acalenta o par. Abala-se a confiança mútua, a ingenuidade de que nenhum dos dois vai estragar a relação, de que um irá cuidar do outro. Todo livro é feito para um único leitor de cada vez. Sem a folha de rosto, findam-se a cumplicidade e a reserva do livro fechado. O segredo se transforma em fofoca; a reputação, em suspeita.

Uma vez descolada a folha inicial, a página seguinte guardará a marca da letra, o peso da caneta. Com carvão, se é capaz de decifrar o que foi escrito. O casamento deixará de ser todas as páginas com versos ou narrativa apaixonantes para se converter na fatídica página que foi embora. O erro é mais vaidoso do que as virtudes e questionará os acertos passados.

Terrível é recuperar a fé, quando a esposa ou o marido, a namorada ou o namorado anulou a pessoalidade e negou a fidelidade das palavras.

Preserve a folha de rosto. Ela faz diferença quando desaparece.

AMADO PELAS SOGRAS

Meus amores não eram simples. Atração à primeira vista, comigo feio, não havia como acontecer. Eu tinha a missão de acabar com a primeira impressão. Destruir os contatos iniciais. Precisava de tempo para mostrar que a inteligência podia ser mais agradável do que a beleza.

Sofria por antecipação. No momento em que a mulher partia a conversar com a amiga no banheiro, lamentava: "Pronto, estou destruído". É óbvio que a amiga abriria o olho e falaria horrores de mim. Conseguir a aprovação de uma única mulher numa noite é difícil, imagina de duas. O que as mulheres cochicham no banheiro são decisões francas e impiedosas.

Para levar um amor para casa dependia de longas conversas e persuasão, sedução e carisma. Nada acontecia no ato, por atração. Minha vida não se resolvia no primeiro tempo. Nem no segundo. Talvez no jogo de volta, com o apoio da torcida.

Já levei muito fora, dei muita mancada, pisei na bola. O que mais me dificultava nos relacionamentos adolescentes era a facilidade tremenda em conquistar a mãe da mulher com quem desejava ficar.

Conquistava a sogra, não sua filha. Surgia como o par ideal da família, nunca de quem gostava. Representava o tipo cordial, educado e romântico, que não falaria palavrão em público, nem chamaria todo mundo de "cara", independente do sexo. Ou seja, o tipo mais inofensivo que existe, forjado à paz e inadequado para a guerra. Isso somente aumentava a minha rejeição.

O que uma mulher deseja na adolescência é alguém que se oponha justamente aos pais. A sogra me recebia com estardalhaço, preparava almoço ou jantar, puxava assunto. Se sua filha dizia que não queria me atender, passava o telefone a fórceps.

O pior consistia em superar os elogios sem pudor (o que significava constrangimentos extremos). O elogio espanca. Certa vez, a mãe de uma candidata, não encontrando o que comentar depois de falar da chuva e da escola, elogiou minhas meias e me obrigou a levantar a bainha. "Mostra para ela, mostra." Eu me senti um stripper, motivado por uivos e com notas na tanga. Ao expor minhas canelas finas e tortas, a relação morreu ali.

Sem contar a figura paterna, que contava histórias infindáveis e detalhistas de pescaria, me induzia a espetar o coraçãozinho e rir ao mesmo tempo, a entender de política e negócios e da cotação da bolsa de valores (uma contradição, já que entendia apenas de mesada e recolher trocos de uma bolsa a outra da minha mãe). Desagradava-me também o fato de que poderia me tornar simpático apenas sussurrando sim diante da maioria dos assuntos desconhecidos.

Quanto mais os pais gostavam de mim, mais o sonho de um namoro se distanciava. Eu terminava abandonado na primeira semana, longe de resultados efetivos. Fazia eternamente sala e não chegava à cama.

Sabia exatamente quando a relação começava a definhar. Na hora em que a sogra me reconhecia como seu filho. A partir deste instante, seria impossível casar, transar ou ficar com uma irmã.

DESDE LÁ

É corpo de mulher, é pensamento. Não anda, pensa. Uma mulher parada ainda está se movimentando.
É um cuidado com o cotovelo, um préstimo das sobrancelhas, a sombra preciosa do pescoço.

Parece treinado, mas nem ela sabe o que está fazendo, não seria capaz de repetir. Não adianta chamar atenção ao ato involuntário, que responderá desajeitada:

— O quê? Não reparei...

Será informada do próprio milagre e continuará agindo com a naturalidade do esquecimento.

Uma mulher suando não é um homem suando, seu suor evapora. O homem apenas fica sujo.

Ela se modifica ao andar. Os seios logo se alinham aos cabelos; os cabelos logo formam as alças do vestido. Tanto que o homem olha e olha uma mulher, sem chegar a uma conclusão.

Olha porque pensa que perdeu o início do movimento. É como um filme que se toma pela metade quando o final estava no início.

Ele não consegue assobiar uma mulher. Pasmo, pode ser confundido com um tarado ou criminoso. O perfil abobado, a boca aberta esperando espanto. Aquilo que ele definiu não é mais. Ela será outra no próximo respiro. Ele se apaixona para se aproximar, afasta-se para não ficar louco.

Não há como parar diante de sua nudez e comentar: era o que imaginava. Não é o que se imagina, cada gesto é a variação de um leque. Ou só um leque quando procuramos variações.

O homem não terá tempo de se especializar, morrerá analfabeto dos pés ou das mãos dela. O homem traduz a mulher a partir da língua em que ela não foi escrita. É uma versão da versão.

Devo ter contado de minha vizinha, a primeira mulher nua de minha vida. Espiei pela fechadura da porta do banheiro, com o pulso acelerado. Ela estava esplendorosa. Não tinha pressa em se secar, espreguiçava-se na toalha. Experimentei uma admiração que doía. Uma admiração que me encabulava. Ela me inacabava.

Desde lá, toda mulher desconhecida na rua não precisa falar comigo para me salvar. Não precisa me cumprimentar para me redimir. Desde lá, sei que a melhor sedução é aquela que já foi tímida. A verdade está em não ser verdadeiro. Quem tenta ser verdadeiro está mentindo.

Não concordo com Rubem Braga, apesar de amá-lo, que "a mais boa mulher feia não pode fazer tão bem quanto a mais ruim mulher bonita". Uma mulher não é bonita, torna-se particularmente bonita. Em especial, quando o elogio que ela se deu coincide com o elogio que recebe. Eu diria: a mais bonita mulher em desvalia não pode fazer tão bem quanto a mais confiante mulher feia.

Beleza é o que não enxergamos dentro da beleza. E o que nos intriga dentro da clareza.

O ESCURO QUEIMA

Vou sair de noite com o meu filho pequeno e ele pede que eu passe bronzeador. Explico que não há sol. Ele insiste, e entendo: o escuro queima.

Atravessar uma noite em claro, com medo das dívidas, queima. O salário nunca será suficiente para cima ou para baixo — é apenas um adiantamento. Quem mais tem mais gasta, quem nada tem mais tenta gastar.

Ambos enrolam saldos bancários como terços de papel. Jogo na Mega Sena e invento destinos para a bolada. É uma diversão garantida imaginar fiado sobre o que faria com milhões em minha conta. Poderia viver só com os juros. Sou previsível até fora dos hábitos.

Não é o dinheiro que manda na vida. É a falta de dinheiro. Tanto que ter crédito é mais importante do que ter grana. Muitos colegas usam o negativo como saldo positivo. Mudam apenas a fonte do empréstimo para pagar um antigo empréstimo. E não conseguem relaxar, descansar, oprimidos por uma generosidade ao contrário: de dar o que nem sequer desfrutam.

Gastam o que não sentiram sequer o cheiro. Gastam o cheiro de sentir.

O homem se consome em segredo, como uma úlcera, como uma gastrite, ácido que estoura pelo acúmulo. Entendo quem bebe para esquecer, quem esquece para beber, quem finge que é uma criança para ser levado pela mão. O desespero é uma ciência.

Não importa o grau de instrução, na dívida se é um iletrado. Um inconseqüente. Um irresponsável. O devedor pede desculpa já no café da manhã. Nada mais implacável do que não contar com uma sombra familiar para repartir a inquietação. Nada mais implacável do que perder a casa por falta de pagamento e baixar o olhar, impotente, aos filhos enquanto o oficial de justiça e os policiais empurram tudo para fora. No despejo, a única honra possível é recolher suas coisas antes dos estranhos. Nada mais implacável do que recuar produtos na esteira no mercado, escolher entre o essencial e o essencial, para chegar a um valor suportável.

Dívida segrega, é pior do que isolamento. É dor do cansaço, muscular, sem diagnóstico. E aquilo que é quitado não dura mais do que uma semana. O mês deveria ser semanal para diminuir o desastre. O escuro queima. Apavora. É como se o ladrão estivesse, em movimento inverso, dentro de casa procurando sair para a rua.

MANCHAS

Não sou de esfregar manchas com vinagre e sal. Ficar esbaforido com uma toalha, tentando reparar o estrago, ou estender o pano tal alucinado procurando a aliança no ralo, ou me banhar de talco como um bebê.

Minha memória é feita de manchas. A que eu mais admirava era a do fundo do estojo do lápis de cor. Não queria substituir a caixinha de madeira com a mudança do ano letivo. O fundo tinha a graça do risco inconsciente, emaranhado de cores que buscavam, cada uma à sua maneira, gritar mais alto.

Outra mancha que me tranqüiliza é a do vinho na toalha da mesa. Um vinho que não se derrama na toalha não volta a ser parreira.

Sempre fui de me sujar, de me espalhar, de pular cercas de arame farpado. Raramente voltava para casa com os joelhos lisos. Respondia ao apelo do chão e curava as varizes das árvores. Subia descalço para não escorregar. Que delícia farejar as pontas dos troncos com os pés. Preparei minha tez com a rapidez do mato. Roubava frutas; a camisa como cesta, que terminava pigmentada de ameixas, bergamotas e amoras. Fazia estampas sem querer.

Chegou um momento em que a mãe desistiu de limpar e aceitou a volúpia da imaginação das frutas, do suco silvestre. Limitou-se a avisar que não tinha conserto. As manchas me davam a nobreza de ter vivido e me arriscado.

Não é só a dor que deixa sinais, a alegria também. Indicam que exagerei. Todo excesso é amor.

ANSIEDADE

Sou ansioso, tremendamente ansioso. Minha mulher explica: o ansioso é o que aperta a descarga antes de terminar de mijar. Ou, no caso feminino, que segura o papel antes de começar.

Quando não há nada para acontecer, fico ainda mais ansioso.

Aguardo algo só para dizer: eu sabia, eu sabia, mesmo não sabendo patavinas. Odeio guardar segredo, porque sei que vou ter que esperar ao lado de minha ansiedade.

Sou ansioso, desde criança me sentava na janela para me aguardar adulto. Sou ansioso, daqueles que vão roer as unhas, mexer na barba, desabotoar os cabelos. Sou ansioso, minha sensibilidade parece que está de plantão. Não adianta me recomendar florais, chás, tranqüilizantes. Não farão efeito. O sangue não é água, não é fácil domá-lo. O sangue segue por ruas escuras. Quanto mais escuro, mais ele corre.

Sou ansioso, o livro é minha bengala até o sono. Sou ansioso, canso de fazer careta ao chorar. Quando a esposa demora, quando os filhos tardam, enlouqueço as venezianas. Sou ansioso, bate uma vontade de escrever cartas longas, imensas, para que alguém sinta saudades de mim.

Sou ansioso, de madrugada arde uma coceira para passar trote, ligar para desconhecidos, puxar conversa, acordar a família. Minha respiração está acelerada, ainda que em repouso. É como se estivesse sempre atrás do que fazer, do que me ocupar, do que amar.

Perdi emprego pela ansiedade, perdi amores pela ansiedade, perdi namoradas pela ansiedade. Falo a verdade antes de ser verdade, e ninguém acredita. Sou ansioso e deveria me tratar, mas é tarde, mas é cedo, tarde e cedo resultam na mesma coisa.

Eu atropelo, eu invado, eu inundo. Sou ansioso, não posso acordar sem os chinelos brancos debaixo da cama, sem o café barulhando, sem dividir os cadernos dos jornais com a minha mulher, sem encontrar pentes e presilhas na pia, sem cartas na caixinha, sem livros novos para levar ao trabalho, sem telefonar para os pais, sem derrubar os controles da tevê, sem estender as roupas, sem brincar com os filhos.

Sou ansioso. Para muitos, ansiedade é imaturidade, despreparo, inexperiência. Coisa de jovem. Eu cresci e continuo ansioso. Não foi uma fase, uma adolescência, uma doença.

Sou ansioso porque espero a vida com urgência. Sofro e me alegro mais do que a conta. Mais do que o permitido. Mais do que o suportável.

Serei o seu melhor amigo, o seu melhor inimigo. Serei devoto de cada palavra que ouvir, um leitor de relâmpagos. Vou me alinhar com a chuva. Cair o andar para seu lado. Pisar no pé da chuva enquanto danço. Serei ansioso até o fim.

Mas nunca, nunca serei indiferente.

MÉDIA COM PÃO E MANTEIGA

Quando a gente guarda a alegria, ela diminui. Quando a gente guarda a dor, ela aumenta.

Meus sentimentos não freqüentaram igual escola. A esperança se formou em escola pública. A avareza saiu de escola particular. Meus sentimentos mudam de freqüência, não têm a mesma escolaridade. Muitos não completaram o Ensino Fundamental. Minha raiva é primária. Xingo mudanças de pista sem pisca alerta no trânsito. Enlouqueço em filas, abomino preconceito, conversa alta no cinema e ser abandonado no restaurante. A raiva vai agredindo antes de refletir. Minha ternura já é pós-graduada. Posso me condoer se um caramujo demora uma semana para atravessar a parede da sacada ou adoecer se um passarinho é pisoteado pela rua. Bipolar é pouco para mim, sou multipolar. A depressão é somente um entusiasmo que pensa demais.

Predomina o hábito maniqueísta de uniformizar o perfil das pessoas, de fechar a conta. Se o cara é um péssimo marido, conclui-se que é também um péssimo pai. Não é assim. Pode ser um péssimo marido e um excelente pai ao mesmo tempo.

Pode trair, discutir e brigar com a mulher e cuidar dos filhos de um jeito amoroso e único. Pode ser um gestor impecável no trabalho e se endividar sem limites em casa.

Minha dor é inteligente, minha alegria é burra. Não amadureci de todo, tampouco me infantilizei de resto. Sou desigual, como uma família que se divide e migra para tentar chance em outro estado. Não sofro parelho, harmônico, um naco por vez. Sofro para explodir, em uma única dose, até cansar de sofrer. O travesseiro detesta, mas nesse momento é rebaixado para toalha de rosto. Pior é quando ele se torna tapete do banheiro. Minha euforia é apressada, quis trabalhar cedo e largou os estudos. Trocou a mesada pelo cartão-ponto. Não existe harmonia entre as experiências. Minha generosidade ganha a vida trançando cestas de vime para roupas sujas. Minha criatividade monta pandorgas para engrossar o vento. Minha persistência fez MBA para sobressair diante da concorrência. Expresso a mais analfabeta emoção para demonstrar sábia serenidade mais adiante. Desisti de me censurar.

Não mudo de opinião, mudo o sentimento da opinião.

AMOR É COISA DE BOTECO

O amor encontra sua dignidade na vergonha. Envergonhar-se de um amor é ter orgulho dele.

Choro por um amor. Despedaço-me por um amor. Fragmento-me por um amor. Faço chantagem por um amor. Digo o que não devo por amor. Estrago uma festa por amor.

Amor desesperado é ainda o jeito mais tranqüilo de amar. Não conheço outra paz senão a de guerrear no fundo de um copo.

Não sou homem de tranqüilizantes, de remédios na cômoda, de sono induzido. Meu quarto é o bar, público e derradeiro. Meu travesseiro é uma toalha de mesa plastificada. Amor só sabe gemer falando alto.

O amor é aguardar uma resposta. A fossa é o período de uma resposta a outra. Não há como amar sem prejuízo. Sem acreditar que não deu certo. É inacreditável como apaixonados contam as mais absurdas confidências a estranhos e escondem os detalhes dos mais próximos. Todo garçom já foi nosso padre um dia. Nosso confessor. A gravata-borboleta é nossa batina.

Amor é esse estágio necessário de loucura para suportar a normalidade. Quando amo, não preciso de psiquiatra, preciso de um táxi para voltar.

Amor mesmo é coisa de boteco, com potes de ovinhos de codorna e cachaça nas prateleiras. Amor não tem nojo, repulsa, pudor de sofrer. Sofremos de amor para abrir espaço por dentro e desalojar antigos moradores.

Amor não é próprio de restaurante chique. Não haverá um porteiro saudando com "boa-noite", não haverá reserva ou um senhor para apresentar o ambiente.

Não espere cardápio no amor, espere cartazes nas paredes. As lâmpadas estarão com as braguilhas abertas no teto.

Amor mesmo é devasso, cafona, cadeira de metal amarela, dobrável e enferrujada. Deve-se tomar cuidado para não sentar na ponta.

O amor não vem da elegância de um lugar, vem da nobreza da dor.

O amor é o solitário do balcão, a retirar vagaroso o rótulo úmido da garrafa porque não pode despir sua mulher. Fica delirando em braile. Aprende inglês com as moscas. Joga dama com os cascos. Reza dez ave-marias para cada pai-nosso. Descobre que o terço é feminista. A cada vez que pensa em si, pensa dez vezes no corpo dela.

Não se limpa um amor no banheiro. Limpa-se com as mangas da camisa na frente de todos. O amor é a boca assoando.

O amor não pede a conta na mesa, é a conta. Não há amor se você não for o último cliente. O último a sair é que está realmente amando.

Quem ama não guarda o dinheiro na carteira, deixa avulso e amassado no bolso. É sintomático. Estará cantando Amado Batista sem querer.

"Se ela ligar outra vez,
Diga que eu não estou.
Invente uma história qualquer."

E se espantará que conhece a letra, egressa de alguma estação da infância.

Deve ser do radinho materno, ao lado do fogão. Sua mãe colocou aquelas canções em sua comida.

NÃO BRINQUE COMIGO

Tudo foi brincadeira, tudo que falamos, tudo que imaginamos, tudo que faríamos se não fosse uma brincadeira.

Quando eu disse que podia, quando eu disse que queria, quando eu disse o que sentia por você.

Foram brincadeira seus braços estendidos como se fossem fechar em mim, minha doação de pernas pela sua linguagem, quando avisei que os pássaros morreram no mesmo dia nas gaiolas da janela e que o silêncio era agora insuportável, porque o silêncio lembrava o que ele substituiu.

Tudo foi brincadeira, um homem aceita que é brincadeira, mente que é brincadeira, porque a mulher perguntou se ele estava falando sério, a mulher desacreditou dele no exato momento em que ele mais acreditava, no momento em que ele treinava o sopro, no momento em que iria expor que a amava, no momento em que ele reaprendia a confiar. Antes de levar o fora, o homem dá o fora em si.

Tudo foi brincadeira, o homem vai esclarecer, o homem vai se arrepender, o homem vai disfarçar para se proteger, para não se diminuir, fechará a mão com o alpiste dentro, com a carta latejando dentro e ninguém mais decifrará a sua letra. Fracassará mais uma vez em sua esperança. Ficará mais uma vez com sua reputação.

Ele aceitará o riso a contragosto, voltará atrás como quem é flagrado roubando a mãe.

Ela dirá: ainda bem.

Ele dirá: não tinha como ser verdade.

Ela vai confessar que levou um susto.

Ele pedirá desculpa pelo mal-entendido.

Ela vai suspirar de alívio com o engano.

Ele vai fingir que não pensava diferente.

Ela vai afirmar que só o enxerga como amigo.

Isso vai doer nele, vai doer nele não ser homem para ela e tentará não mostrar que está sangrando. Seguirá caminhando com a cabeça erguida até o fim da cicatriz, até que o joelho de sua boca canse de sangrar o mesmo sangue.

Tudo foi brincadeira porque ela zombou da possibilidade do amor e ele se acovardou e calçou novamente os sapatos e se viu nu enquanto ela ia e recolheu os cabelos que cresciam de seus cílios.

Tudo foi brincadeira, o pescoço de hortelã, as infâncias sentadas no portão de ferro controlando a cor dos carros, a fome esquecida para ficar mais tempo junto.

Tudo foi brincadeira, a cumplicidade, a intimidade. O período em que fiavam seus segredos, que se confessaram como nunca antes, que se abriram como amantes.

Tudo foi brincadeira, tudo será sempre uma brincadeira sádica, uma brincadeira cruel, quando apenas um dos dois estiver amando.

SE SAIR, NÃO VOLTE MAIS!

Quem já não ouviu de alguém: "Se sair, não volte mais!" Há algo mais desolador do que espiar o quarto pela última vez? Essa ânsia de decidir o que não foi compreendido.

Há algo mais demolidor do que escutar esse desabafo sem concessões, sem releitura? Essa ordem de quem nos convidou para entrar. Esse ultimato "pense agora", "rápido", "depressa", como se fosse possível pensar alguma coisa aos berros. Não ter tempo de definir se é fingimento ou verdade. Não ter tempo de pedir mais tempo.

Essa relação que era tudo o que você tinha, era tudo em que você acreditava.

Essa relação agora jugo, propriedade, demolição.

Essa imposição que nos constrange a tomar partido, a tomar uma atitude, a tomar a própria voz a contragosto.

Tentar descobrir um abraço entre os empurrões. Falar e parecer ironia. Explicar e parecer zombaria.

"Se sair, não volte mais!" Descobrir que os adultos não brigam, eles se suportam aos poucos.

"Se sair, não volte mais!" Descobrir que o ódio seduz.

"Se sair, não volte mais!" Descobrir que a cobrança é maior do que a memória.

"Se sair, não volte mais!" Descobrir que o desejo era vizinho do despejo. Ao subtrair uma letra, subtrair uma vida.

"Se sair, não volte mais!" Descobrir que a maçaneta está presa somente por um prego.

"Se sair, não volte mais!" Descobrir que o casamento libertou até aquele momento.

"Se sair, não volte mais!" Descobrir que seu casaco é roupa de cama.

"Se sair, não volte mais!" Descobrir que a despedida é desaparecer.

"Se sair, não volte mais!" Descobrir que o gancho do cabide servirá para desentupir o ralo.

"Se sair, não volte mais!" Descobrir que a visita tem hora marcada.

"Se sair, não volte mais!" Descobrir que o fecho perdeu seu trilho, mastigou metade dos seus dentes.

"Se sair, não volte mais!" Descobrir que o pescoço é curto para espiar lá fora.

"Se sair, não volte mais!" Descobrir que a paz dali por diante será trégua.

"Se sair, não volte mais!" Descobrir a ofensa dentro da oferta.

E desistimos de sair, mas também desistimos de voltar.

Uma lealdade se rompe com essa frase, a alegria de ir e vir. A fidelidade some com essa frase, entra outra coisa em seu lugar: submissão, desencanto, arrependimento.

O amor é quando faltam palavras.

O desespero é quando sobram palavras.

Quando sair, me leve junto. Em silêncio.

VOCÊ ME PEDIU UM CIGARRO

Você foi covarde. Seu amor é forte, seu corpo é fraco. Você foi covarde como tantas vezes fui por acreditar que a coragem viria depois. A coragem não vem depois. A coragem vem antes ou não vem. Não posso amaldiçoar sua covardia. Sua boca não é rápida como suas pernas para me agarrar. Minhas pernas não são tão rápidas quanto minha boca para lhe impedir.

Você foi covarde. Pela gentileza de sempre dizer sim, repetidos sim, quando não estava ouvindo.

Já desfrutei de sua covardia, ríspido recusá-la agora porque não me favorece. Porque não fui escolhido.

Não aquecerei seu prato para servi-la. Não a ajudarei no parto. Não partirei. Serei aquele que deveria ter sido, enterrado sem morrer, o que desapareceu permanecendo perto.

Sou seu constrangimento mais alegre. Sua ferida, seu feriado.

Com o tempo, serei sua vontade de se calar. De se retirar da sala.

Não conhecerá meus hábitos de puxar o café antes de ficar pronto. De abrir as venezianas como quem procura reunir os chinelos ao vento.

Você foi covarde, ninguém iria compreendê-la. Hoje todos a compreendem, menos você mesma. Você não se compreende depois disso.

O que é imenso é estreito. O que é infinito fecha. Até o oceano tem becos e ruas sem saída. Até o oceano.

Sua esperança não diminui a covardia. Quer um conselho? Finge que a dor que sente é a minha para entreter sua dor.

Saudades ficam violentas quando mudamos de endereço. Saudades ficam insuportáveis quando mudamos de sentido.

Você confunde sacrifício com covardia. Compreendo. Eu confundo amor com loucura. Cada um tem seus motivos, sua maneira de se convencer que fez o melhor, fez o que podia.

Você me avisou que não tinha escolha. Nunca teria escolha. Você foi educada com a vida, pediu licença, agradeceu os presentes. Confiou que a vida logo a entenderia. E cederia. Engoliu uma palavra para dormir.

Não serei vizinho de seu sobrenome. Seus nomes esperam um único nome que ficou para trás.

Você não desencarnou, não encarnou, deixou sua carne parada nas leituras.

Morrer é continuar o que não foi vivido. Vai me continuar sem saber.

Você foi covarde. Com sua ternura pálida, seu medo de tudo, sua polidez em cumprir as promessas.

Você não aprendeu a mentir. Tampouco aprendeu a dizer a verdade.

O dia está escuro e não soprarei a luz ao seu lado. O dia está lento e não haverá movimento nas ruas.

Você não revidou nenhuma das agressões, não revidará mais essa.

Você foi covarde. A mais bela covardia de minha vida. A mais comovida. A mais sincera. A mais dolorida.

O que me atormenta é que sou capaz de amar sua covardia. Foi o que restou de você em mim.

E EU PEDI UM CAFÉ

Eu me despedi, vou sempre me despedir de você a cada domingo e voltar.

Estou treinado a me separar para retornar mais forte.

Não tenho mais vergonha de recuar ou pedir à frente.

Minha vergonha não tem mais orgulho.

Quando não a vejo, eu a pressinto.

Quando não a escrevo, eu a leio em sinais e caligrafias estranhas. Tudo faz sentido; pichações, cartazes, canhotos; tudo é uma correspondência a violar e não me permite descansar.

Sou fraco, pode concluir que sou covarde. Vou voltar.

Minha insônia não muda a claridade.

Anuncia que não está pronta. Não fique pronta. Tampouco estou preparado. Vamos assim mesmo. Meu corpo não tem mais espaço para se regenerar. Não posso salvar minha carne retirando a própria carne. Preciso da sua para me cobrir. Dói onde não fui beijado.

Não consigo arrancá-la do que sou.

Tentei, tento, tentarei, como se pudesse reinar com as palavras.

Duvide de minha alegria. Duvide de minha indiferença. Estou rindo com o vidro na boca. Faço o vidro virar dente. O que mastigo se acostuma. Mas não é o que sinto.

Há namorados tristes em dias de sol, namorados alegres em dias de chuva.

O que sinto nem falo. Não me cabe encerrar a vida de ninguém. A minha sempre está começando ao seu lado. Termino para não me repetir. Não consigo definir: "aquele foi o último abraço", "aquele foi o último beijo", e conservar e sublimar para me lembrar do fim. Eu guardo todos os abraços e beijos pensando que foram os últimos.

Desembrulho minhas roupas para descobrir sua pele.

Refaço o ritual da merenda da escola, o fino guardanapo que envolvia um pedaço de bolo ou um doce. Meu cuidado para não ferir a fome.

Eu me abandono, me troquei várias vezes, mas não me despeço.

Seu amor me desajeitou por inteiro. Não amarei menos do que recebi de você.

Seu amor tornou impossível qualquer outra história de amor. Seu amor é um estelionato, nenhum homem deveria aceitá-lo porque não terá tempo de quitar. Seu amor é uma generosidade injusta. Uma extorsão. Uma maldição. Porque ele me cura do que ainda nem adoeci.

Sou covarde, pode concluir que sou fraco. Vou voltar.

Como o esquecimento dos cachorros, que são castigados e logo estão lambendo o rosto de novo.

Como o esquecimento dos pássaros, que regressam aos mesmos telhados e antenas para secar os farelos.

Não sei me despedir de você.

Já briguei, já fiz as malas, já a ameacei com chantagens, já prometi que não seria mais feliz.

Já apanhei as chaves, já devolvi as chaves, já avisei aos amigos.

Já, Já, Já.

Não sou mais o mesmo. Nunca serei mais o mesmo.

Só queria encontrar alguém mais louco do que eu para voltar à normalidade.

DAQUI POR DIANTE

Você me diz que tratará de arranjar um jeito de arrancar seu amor por mim. Como parar de fumar ou beber.
PARE DE AMAR E EMAGREÇA DEZ QUILOS.
Parece fácil?

Já a vejo colocando adesivo no carro. Já a vejo mostrando fotografias de ANTES e DEPOIS.

É descer e pôr o amor na rua, com o cuidado de embrulhar o vidro no jornal para o lixeiro não se cortar.

Tem medo que eu a descarte, portanto é melhor acabar agora. É melhor não sofrer mais. Não vai arriscar.

Nem subirá os olhos pelos andares da geladeira. Não vai conferir a data de validade das confidências. Decidiu: o amor passou do ponto.

Decidiu. Não é uma ameaça, é uma conclusão. Para sempre.

Está interessada em cuidar de sua saúde. Mudará os hábitos.

É com facilidade que afirma. Com desembaraço. Assim como trocar o dia cinco pelo seis na folhinha do calendário, como amarrar os sapatos, como separar as roupas velhas das vivas.

Não pretende mais ser incomodada. Não tem mais nada para falar.

Você cuidará de expulsar o amor que tem por mim. Cortará a água e a luz desse amor.

Está cansada de explicar. Explicar o que nem entende.

Você é capaz de casar para se vingar. Fingir que está feliz. Colocar toda a sua concentração para me convencer de que conseguiu.

Serei deportado de sua memória. Me mandará de volta ao conto de fadas, de onde nunca deveria ter saído.

Explica que não é pessoal, é uma decisão técnica. Há outras vidas inocentes em jogo. Mais um pouco, as paredes desabam.

Não é justiça, é desespero, que dá no mesmo.

Rasgou o que não é papel: meus cabelos, meus cílios, meus casacos.

Decidiu, ponto. Como arrumar a cama. Como limpar as gavetas. Como empilhar a louça.

Botou na cabeça. Como quem bate a porta. Como quem desliga o telefone na cara.

Pronto. Como desistir de um curso. Como abandonar uma viagem.

Sem recurso. Sem direito de resposta. Sem pensar duas vezes.

Você vomitará inteiro seu amor por mim. Com os dedos na garganta.

Você deixará o banho transformada. Sem nenhuma lembrança da praça e da noite em que tremia de frio.

Recomeça o ano com um caderno mais bonito do que sua letra.

Sofrerá um pouco de contrariedade no início. Como um vício. Após a primeira semana passa. Acredita que passa.

Você pedirá atestado médico. Para não ir ao trabalho desse amor. Ao expediente desse amor.

Você fará quimioterapia desse amor. Arrancará o câncer desse amor. Arrancará o caroço de minhas mãos de seus seios. Arrancará o pressentimento do meu braço de seus ombros.

Nenhuma choradeira. É natural desamar. Como espantar insetos com o calor. Como recusar esmolas no sinal.

Está mais madura, determinada, livre.

Você decidiu, não depende mais de mim. Você decidiu que não presto para sua vida, que merece alguém melhor.

Como quem escolhe ser vegetariana. A partir de hoje, não comerá mais carne. Simples: a partir de hoje, não me ama mais.

Você cuspirá em meu nome. Você vai ocupar todas as sessões de terapia para me ofender.

Eu não presto, nunca prestei, mas o amor que você sente não tem nada a ver comigo. Ele não depende de nós para nascer ou morrer.

Isso só descobrirá depois. Depois de desistir de desistir de desistir.

ACEITO ENCOMENDAS PARA
DENTRO DE CASA

Você está diferente, você está estranho, você ri de qualquer coisa, arruma brechas para escapar do trabalho. Todos dizem que você está amando. Não caia na cilada, não confirme a suspeita. Sei que é complicado não se envaidecer nessa hora.

É uma tentação, mas não aceite, ainda que feliz sexualmente, ainda que disposto, ainda que brincalhão, não significa que está amando. Amar não guarda parentesco com os seus traços. Não nasceu com você, nasceu em você.

Não devemos medir o amor pela nossa alegria. Mas pela alegria de quem nos acompanha. Nossa alegria não significa que estamos amando. Pode significar que podemos amar. É falso confiar que a nossa felicidade é suficiente para se decretar o estado da paixão. Como é ilusório amar com a mesma independência do tempo que a gente não amava. A independência daquele período era desinteresse.

Quantos se enxergam felizes e se sentem resolvidos antes de trabalhar pelo amor? Amor é aceitar encomendas para dentro de casa.

Cuide da sua mulher. Agora. Vê se ela está contente? Ela debruça em seus braços na cama? Ela conta tudinho que pode se lembrar do trabalho? Ela esconde que comprou algumas roupas novas para aparecer de repente? Ela comenta um filme como se fosse parte dele? Ela usa sua gilete para pôr as pernas dela em seu rosto? Ela volta a falar do que esqueceu de lembrar? Ela telefona para perguntar se está tudo bem? Ela diz mais de uma vez como o filho é parecido com suas manias? Vê se ela está altiva mesmo cansada? Ela suspira como quem dá uma segunda chance para a janela? Ela provoca para que venha cobri-la de espantos e lábios? Ela segura sua mão quando a neblina se acumula no pára-brisa?

Vê. Vê você. Agora. Seu esforço de manhãzinha para não acordá-la, encardindo a ponta das meias para recolher suas roupas e sair contornando — sem escorregar — os travesseiros e chinelos no chão? Sempre tropeça e se apóia com o cotovelo logo nos joelhos dela dormindo. Vê seu cuidado em escolher os pratos menos pesados da cozinha para não provocar barulho na mesa? Sempre escapa uma colher na maldita hora. Vê sua ânsia em animá-la quando o serviço a puxou para baixo, de evocar piadas e lembranças que só os dois entendem? Amor é esforço de compreensão, a consciência de nunca mais estar sozinho nem para morrer.

Viu? Viu? Ela é sua alegria. O amor não estará em você, por mais que confie que parte de você, que é você. O amor estará nela. Ela é o amor, que você destruiria se estivesse com você.

ONDE É O FUNDO?

Uma menina se distraiu ouvindo música numa grande livraria, sentiu falta da mãe e, de pronto, largou os fones e partiu para recuperar sua companhia. Pediu informações para uma moça que tinha atendido a dupla naquela tarde. Com tranqüilidade, a funcionária mexeu com a mão esquerda nos cabelos encaracolados da criança enquanto apontava o caminho com a direita: "Sua mãe está no fundo da loja!"

Ao invés de se acalmar, a menina saiu correndo entre as estantes, desesperada: "Onde é o fundo? Onde é o fundo? Onde é o fundo?"

O apelo me machucou porque percebi claramente que as mulheres perguntam desde o princípio onde é o fundo. Elas iniciam um relacionamento já questionando onde é o fundo. Não desejam o raso, não desejam passar o tempo, não desejam namoros temporários e esquecíveis. Por mais que o discurso seja o da liberação e do desprendimento, as mulheres, em sua maioria, procuram e temem o fundo. Nasceram e se fortalecem do fundo.

Quando testemunhei a criança gritando, entendi tudo que experimentei e julguei como bobagem, tudo que ouvi e não fui atrás, tudo que perdi e não me flagrei atrasado, tudo que não entenderei sobre as mulheres. O fundo. Simplesmente o fundo que uma menina de quatro anos involuntariamente já buscava. O fundo que perguntou minha avó. O fundo que perguntou minha mãe. O fundo que perguntaram minhas ex-namoradas. O fundo que perguntou minha esposa. O fundo que perguntou minha filha. O fundo que perguntarão minhas netas. O fundo ancestral a perturbar minhas amigas. O fundo inalterado, que mais é ao não ser alcançado, que mais se percorre ao se duvidar dele.

Nas brigas com minha mulher, ela me sugeria apenas, com outras palavras, se estava disposto a ir ao fundo. E não respondi para permanecer no colo da espuma e não perder de vista a íris borbulhante do anzol, para não alterar a superfície e não me comprometer. O homem é capaz de doer, sim, mas não de doer investigando o fundo. O homem dói sem se misturar à dor. Uma mulher dói com coragem, questionando se vai doer ainda mais. Dói olhando a ferida, com a consciência da ferida.

Ela pode estar parada, acomodada, estável, satisfeita, morta num relacionamento, mas o fundo estará se movendo por dentro, imperceptível, desenhando conspirações.

O fundo não é o limite. Uma mulher pergunta onde é o fundo para continuar indo, não para deixar de ir. Ela irá perguntar ao seu homem se realmente a ama mais vezes do que o necessário. Não é para irritar; é para encontrar um amor que nunca a faça se satisfazer com seu fundo.

AO MEUS PÉS

Eu não sei por que a amo. Cada vez mais não sei.

Pode ser pelo seu pescoço que se levanta para ganhar altura quando estamos abraçados. Ou será que é pela forma com que dobra as pernas no sofá? Ou quando se contorce em espiral com beijos nas costas?

Eu não sei por que a amo. Será que pela sua preguiça, que se enrola em mim de manhãzinha? Ou pela sua disposição de dar a volta por cima?

Eu já parei para pensar por que a amo, mas lamento, não sei. Realmente não sei. Talvez seja pelas sobrancelhas que falam antes dos olhos. Ou pelo umbigo que inicia a mão. Ou pelo copo que você balança antes de beber, para convencer a água a partir?

Tantos homens têm um motivo certo para amar, definido como um emprego, e você foi escolher logo um que nada tem a dizer.

Será que é pelo amor aos filhos, excessivo, que sempre me inclui? Ou pela sua vontade de fazer mercado depois do almoço para gastar menos? Será que é pelo modo como canta, o modo como dança, com os braços acenando em linhas sinuosas como fumaça de chá? Será que é pelo toque em meu joelho enquanto dirijo? Pela sua respiração suspensa na penumbra? Ou pelas nossas saídas de madrugada para encontrar sorvete em botecos?

Será que me apaixonei pelo seu texto e quis ser seu personagem? Ou pela sua pressa de avisar que chegou, apertando o interfone mesmo com as chaves? Ou quando diz que está com frio no cinema? Ou quando fica muda querendo voltar ou quando fica ruidosa querendo passear? Ou quando pede que eu fique em casa mordendo o lábio? Ou quando me enfrenta com raiva e me diz todas as verdades sem ao menos pedir para sentar? Ou quando sopra os machucados, de quem herdou o costume de soprar machucados mesmo quando não existem? Ou quando fica bêbada e declara que está bêbada para eu me aproveitar?

Será que é pela sua predileção em comprar presentes, sempre dando mais do que recebendo? Ou pela tapeçaria no fundo de suas bolsas, com notas, moedas, chicletes, batons e brincos avulsos?

Será que a amo por que me irrita a viver mais? Será que a amo por que não me deixa a sós comigo?

Eu juro que não sei por que a amo. Todo dia você acorda querendo ouvir, eu pressinto, debruçada em meus ombros à espera do sinal, do cartão, das flores, da segunda aliança que é um par de palavras. Mas não descobri e não finjo. Entenderá que faltam motivos, só que sobram motivos.

Será que é pelo seu medo de sangue? Pela sua infância vesga? Pelos seus joelhos esfolados nos móveis? Pelos seus amores frustrados? Pela sua letra arredondada nas vogais? Pela sua insatisfação com as roupas na hora de sair? Pela ânsia em atender o telefone com a esperança de que seja eu a dizer por que a amo?

Eu não sei por que a amo. Não me fale. Quem sabe deixou de amar.

BANHO DE LÍNGUA

Não suporto a idéia de homens que mal deixam o corpo da mulher e logo vão tomar banho, logo querem se afastar daquele ato e se desculpar pela impetuosidade. Lavam a boca para escorrer ao longe as palavras e as frutas. Lavam as pernas da boca.

Levantam como um ritual cumprido, um ofício, um trabalho, e desejam apagar o desejo. Eliminar os vestígios, os sinais, a saliva em seu corpo. Esfregam com o sabonete a língua, o gozo, os odores fortes de montanha. Esfregam-se de pudor.

Fazem desaparecer o suor que os pássaros só encontram em sua plumagem depois do vôo. Desejam suavizar os arranhões e recuperar a aparência. Desejam sair bruscamente do quarto porque não suportam o prazer depois do prazer. O prazer depois do prazer é levitação, é feminino.

Que não se deitam mais para recomeçar, que não dormem agarrados com a nudez dela a completar os seus músculos, que não preparam uma fogueira com as unhas nos cabelos dela, que não suspiram após gemer. Que não ficam a conversar sobre as distrações da infância, a conversar à toa sobre os planetas que não foram descobertos, a rir dos vaga-lumes histéricos fora de casa.

Que não afundam a respiração nas cobertas e nos travesseiros, que não inspiram o vinho antes de beber. Que desertam no momento em que encontraram um sentido. Que se arrependem de seus instintos e colhem as calças, as meias, a camisa e o medo do chão.

Não suporto homens que não tomam o cheiro de sua mulher como seu próprio cheiro. Que repelem a permanência, a toada, a constância, que se irritam com uma intimidade que não seja movimento e sexo. Que se lavam como se tivessem pecado e se apressam em reconstruir as frases.

Que trocam o corpo imediatamente como quem troca lençóis, trocam o corpo como quem troca de roupa, trocam o corpo como quem troca de rua. Que ajeitam a cena e procuram as horas e as chamadas não atendidas no celular. Que se vêem culpados pela masculinidade, por revelar suas fraquezas. Que encurtam os braços nas portas e desistem de esculpir o pêlo nas curvas. Que são outros, frios e indiferentes, ao deixar a cama.

Eu não me sinto sujo depois do sexo. Eu me sinto limpo, eu me sinto perfumado, eu me sinto enredado de nascimento. E não darei tão cedo minha memória para a água.

É ADORÁVEL UMA MULHER TODA NUA, OU QUASE, DE MEIAS BRANCAS

Tomar café não me desperta. Bebo pelo cheiro. Invento de acreditar que funciona por superstição. É somente um apoio moral e reconfortante para enfrentar a semana. Alheio às pesquisas científicas, bocejo na fumaça. No terceiro gole preto, fico com mais sono. Reativo a preguiça da noite anterior e o impulso é voltar para a cama. Esqueço que acordei. Sou o efeito colateral do café. Ele deve ser menos agitado do que eu.

Um outro tabu é transar de meias. Se confessar aos meus amigos que gosto de mulheres assim, vão contar que sou louco.

Quem determinou que é errado? Por que elas são mais pijama do que acessório?

Não enxergo as meias como inibidor. Elas me excitam. Meias altas, soquetes, 3/4, meias baixas, 7/8, meias sapatilhas, um tipo de meia para cada dia. Eu gosto tanto de olhar os pés quanto de imaginá-los. Identifico-me pedólatra do escuro.

Transar de meias não é mania de velho. Caso fosse, o velho não viveu em vão.

Não pode ser considerado costume de travado. Travado é não encontrar beleza em sua síntese de pluma.

Nas meias, um recato que me deixa mais malicioso. Um resguardo que amplia a vontade de transgressão.

Sem meias, não há mais nenhuma peça a depor. As meias guardam o mistério. Não apressam o fim. É como se o início não terminasse.

Agradáveis, ainda que — como representantes discentes da roupa — permaneçam e sejam testemunhas da devoção.

Meia é ter caráter na cama. O que mais me incomoda é a falta de opinião. "Não sei", "você que sabe" e "se quiser" são expressões insuportáveis no quarto.

Não constranja a mulher a tirá-las, muito menos fique esperando uma atitude. As meias já são uma atitude.

O amigo Mário Corso me telefona durante o texto. Ao descobrir o assunto, confidencia:

"As meias são os saltos altos que restam para a mulher na cama."

Exato, eu disse que precisava desligar e retomar aqui. A elegância dos saltos continua com as meias. Prossegue. É o que a mulher pode levar dos seus sapatos. Uma mulher transando de meias está soberanamente calçada. Não existe homem que a diminua. Nem fantasia que a complete. As meias são a fantasia. O cadarço do lençol. As unhas brincando de fantoches.

Os pés vendados se desdobram para nos achar. "Os pés vendados", que assombro, para perder o chão. Tontura que não se iguala a tapar os olhos.

Proponho lançar a campanha "Respeite sua mulher de meias." No inverno gaúcho faria sentido.

Meias não são um insulto, são a confiança das pernas. Para deitar com uma mulher de meias, deve-se conquistá-la inteiramente. Não é para qualquer um. As meias são um anel de noivado dos amantes.

Há mulheres que estão mais despidas com os pés cobertos. São mais desnudas com meias.

Transar de meias não será grosseiro, não insinua repressão.

Meias no frio, pele no verão.

É adorável uma mulher toda nua — ou quase — de meias brancas. Os pêlos realçados pelo contraste A moldura do quadro. O jogo avançando. Uma cinta-liga dos pés.

Transar de meias é pisar em silêncio. A lã aprende a ser corpo.

Amor não pede licença, amor é a própria licença

A verdadeira libertina transa de meias.

FRALDAS GERIÁTRICAS DOS PÉS

Eu teimo com pantufas.

Suporto algodão nos ouvidos, mas não nos pés.

Um amigo terminou considerado louco pelos seus familiares ao se separar da mulher e alegar que foram as pantufas. Ele perdeu a concentração da carícia. Não mantinha mais a excitação com o par de girafas dengosas acolchoando os calcanhares de sua senhora. Ou se afastava dela ou se tornaria Bambi, sua melhor amiga. Entrou em paranóia com aqueles bichinhos se dobrando em sua direção.

Pantufas são arrastadas, invariavelmente. Além do apelo carnavalesco, repercutem uma sonoplastia de assombração, de velhice, de tábuas rangendo.

Pantufas são escolas de samba rebaixadas, desclassificadas, por não empurrar direito o carro das alegorias e ultrapassar o tempo limite da apresentação.

Ele não mais erguia o pescoço para o tronco da sua esposa. Já ouvia as pantufas conversando com ele. Pedindo o controle remoto e uma cerveja gelada, e que coçassem suas listras. Um terror.

Ela chegava no quarto: tirava o refinamento dos saltos, o deslumbre sensual dos saltos com meias pretas, para colocar o conjunto de pantufas. "Ah, estou confortável", suspirava. "Ah, eu estou broxa", ele mentalizava.

As pantufas são pano de chão, com lugar para os pés. É como se a pessoa estivesse esfregando eternamente o piso e convertendo as pernas em cabos de vassoura. Coisa de bruxa perambulando pelos corredores.

Sei que trazem comodidade, aquecem, são um amor infantil. Mas as pantufas envelhecem seus portadores — no mínimo — em dez anos.

Desfiguram o diminuto pé feminino. Sacrificam sua graça. Sensação de namorar o abominável homem das neves. O pequerrucho solado 35 salta para um 42. Não há como ser o macho da casa com uma fêmea de pantufas. As pantufas oferecem um trampolim para o abismo. Pantufas necessitam ser empregadas apenas em dança de salão, para pisar um no outro sem trauma.

Misto de chinelo e peruca. Impraticável ser natural depois dela. Ou não rir. Ou não se desesperar pelo diafragma fora de lugar.

Agüento no osso ursinhos de pelúcia, que a mulher traga todos os ursinhos de pelúcia de sua infância para dentro do casamento; aceito até que durma com um deles uma vez por semana. Eu deito no sofá quando isso acontecer, para preservar a intimidade da relação. Mas não use pantufas. Pantufas são os ursinhos mais o pote de mel mais a árvore mais os pés. São uma festa de aniversário temática, com palhaços e língua de sogra. Deveriam ser proibidas para maiores de 18 anos.

Uma criança confirma sua idade com pantufas. Um adulto lembra que passou do tempo.

Eu ralho com pantufas. Como andar de mãos dadas com uma mulher que caminha levando junto o tapete? Que desperdício pintar as unhas com esmalte vermelho, se logo os pés vão ficar irreconhecíveis, asfixiados no escuro, com sua touca de banho.

Pantufas são fraldas geriátricas nos dedos.

Decorativas, dispensáveis. Um cachorro ou um gato encontrariam uma utilidade nelas. Realmente se divertiriam puxando seus fios, não os homens. Não são fundamentais no inverno, como recomendam as mães. Mães, na verdade, gostam de divórcios e que os filhos voltem para o lar.

Pegue um rolo de meias para combater o frio, ponha a secadora de roupas nos joelhos, mas não use pantufas.

FUTEBOL, RUA

Para Rogério Delanhesi

Os dois melhores jogadores de futebol da turma ficavam encarregados de escolher os times. Olhavam com severidade para cada um de nós como quem definia uma tropa de exército pela força e disposição. "Quero esse, quero esse, quero esse, quero esse!"

Os colegas selecionados iam atrás de quem deu as ordens. Protegidos, coroados pelo talento e amizade.

Os ruins, os pernas-de-pau, os gordos, os míopes, os vesgos, os desajeitados, os mancos que não sabiam jogar eram os últimos a serem chamados. Sofriam horrores com a demora. Com a ausência de seu nome gritado na lista de chamada. Constrangidos, sem chance de mostrar que poderiam ajudar o time. Todos os eleitos observavam os guris sentados com comiseração. Com pena. Quase a lamentar que ainda estavam ali, teimando a falta de dom. Insistindo com o que não conseguiam.

Se, no início, os dois que formavam a equipe brigavam para ter os mais habilidosos, passavam, no final, a discutir para não contar com os piores.

"Não quero esse, fica com você."

O guri atravessava a linha divisória freneticamente, com a cabeça baixa e resignada, animal de carga. Indeciso com os sons e ordens, desejando que aquilo logo terminasse.

"Não, pode jogar com um a mais, ele não faz diferença."

Assisti inúmeras vezes a esse ato de crueldade psicológica e nunca mudei as regras. Nunca percebi que estava errado. Até porque eu era um dos melhores e montava o time. Não sofria para me identificar. Fazia sofrer e esquecia. Esporte não deveria ser competição na escola, mas brincadeira, vontade de ajudar os outros a chegar ao mesmo nível. O preconceito alimentava a cegueira, a insanidade de se sobrepor aos iniciantes, a eleição pela aparência, a exclusão pelos defeitos.

Quantos guris recusados no campinho, debochados no campinho, não se sentiram em sua vida sempre por último?

Ou alguém acredita que não são os pequenos atos que determinam o percurso? Quantos depois não tiraram péssimas notas?

Quantos não se apagaram nas relações amorosas, ficaram arredios para a amizade, desconfiados no trabalho, com a sensação de ser sempre o último?

Com a impressão de ser um estorvo, um inadequado, um desabilitado. Eles não ganhavam a confiança ou um voto da turma para jogar bem. Não tinham sequer estima pessoal para se empenhar.

No primeiro passe errado, no primeiro gol perdido, teriam que suportar novamente as brincadeiras e trovar que não era importante, e desistir de participar do seu esporte favorito no dia seguinte. Desistir de conviver. Desistir de tentar.

MINHA MULHER NÃO É MINHA MÃE

Não chamo minha mulher de mãe. É mudar a categoria de motorista.

Cuido para não me transformar em irmão de meu filho. Posso me acostumar ao chamado e perder a intimidade de marido.

Perigoso: convivo com amigos que se referem a sua esposa como mãe; curioso enxergar o homem feito a puxar conversa com esse apelo no almoço ou jantar, eu não consigo imaginar o casal trepando. É Édipo demais para uma única Jocasta.

Compliquei o caminho do meu filho, que demorou para dizer "mãe" porque me imitava e a chamava pelo nome. Valorizo Ana, minha mulher, assim como a conheci, pois ele não deixa de ser — no breve nome — amante, amiga, confidente, louca, serena, sensível, gostosa, e também mãe. Não é uma coisa ou outra, é tudo ao mesmo tempo, inclusive o que não quero, inclusive o que me desafia.

Ana cuida dos meus filhos melhor do que eu, não há dúvida. Ela cria um passo e faço o mesmo, sou um mímico de sua música. Até Mariana, que não partiu de seu ventre, procura ela primeiro para conversar sobre namorados e incertezas da escola. São cúmplices desde a origem e vivem me provocando. Tento entrar na conversa e ficam mudas de repente. Saio e escuto a balbúrdia de novo no quarto. Enquanto me provocam, estou certo de que estamos bem. Posso ser consultor amoroso fora de casa; dentro de casa sou o último a ser consultado. Acabo tão feminino, tão maternal, que jogo contra mim. Em minha família, são todos contra mim, inclusive eu.

Com Vicente, não há saída. Caso Ana dê alguma ordem, será inútil convencer o menino do contrário. De noite, ele sempre a chamou. Quando vinha cambaleando, com os cabelos em arame farpado, para alcançar o leite, ele chorava tanto que era difícil desacreditar da minha feiúra. Acordava em desvalia.

Acostumei-me a ser coadjuvante, e não há nenhum demérito nisso. Minha única vantagem é no espaço do armário, Ana ainda não percebeu ou não quis me xingar. Ela conta com cinco prateleiras e uma ala do cabide para comprimir os inúmeros vestidos e casacos. Disponho de três alas e dez prateleiras.

Ana criou os rituais do Vicente, o café da manhã, o horário da televisão, a escala dos bichinhos com que ele dorme, decorou as possibilidades e os tipos do Power Rangers, o convenceu a sentar na cadeira de adulto nos restaurantes, a pentear os cabelos de lado, como os dela. Só Ana conhece os brinquedinhos que ele leva ao banho. Foi ela quem comprou o blusão amarelo que o guri não deixa colocar para lavar sob hipótese nenhuma.

Vicente é educado com estranhos, efusivo com os familiares, dá beijinhos quando se apresenta. No meu filho reconheço o caráter da minha mulher. Nunca consegui chegar antes na sua agenda escolar. Ela responde os recados com clarividência.

Quando ele me abraça, vira meu corpo para onde está a mãe. Para que ela veja o amor que ele tem por mim.

O amor que Vicente tem por mim ainda é amor por ela.

NAMORANDO MULHER COM FILHO

Namorar mulher separada com filhos já foi visto como uma dificuldade. Seria complicado conquistar a criança, conviver com o outro pai, ter um cantinho para namorar sozinho. A criança era recebida como um problema, uma restrição à liberdade e à intimidade. A suspeita é que ela não estava procurando um namorado, porém um pai para seu pequeno.

Isso mudou. Não tenho dúvida de que namorar mulher com filho pode ser muito melhor do que namorar mulher sem filho.

A mulher com filho aproveita seu espaço. Responsável para fora, e possivelmente louca e criativa com você. Ela valoriza cada ida a um restaurante como se fosse uma viagem ao exterior. Não precisa bater ponto na balada, para dizer que está feliz. Encontra o contentamento num café da manhã ou em um filme no sofá.

Não bancará a mimada ou começará discussões tolas sobre se está bonita ou não, se está gorda ou o espelho do provador é que emagrece. Não se endividará do futuro, supera as adversidades com humor. Tem a vaidade da autocrítica. Consegue ser surpreendente com as banalidades, não está comprometida em impressionar, e sim em ser verdadeira. Descobriu que a verdade é mais sedutora do que a mentira. Interessada em repartir o prazer, correr as pernas debaixo da mesa, fazer gafe acompanhada para contar às amigas. Reconhece o valor da lingerie preta, pois usa em casa um pijama gasto. Ela será bem solta na cama, plural, não sofrerá pudor em confessar fantasias, não ficará transando consigo mesma. As mãos do homem serão seus seios.

Abrirá sua memória com a franqueza de quem consegue acalmar os pesadelos do filho. Ela vai trabalhar, cuidar da escola e da casa, do almoço e das contas, e nunca reclamará que carece de tempo para sair. Beijará como se fosse uma adolescente redescobrindo o corpo, com a diferença de que não terá medo do corpo. Não será uma sogra antecipada — tornou-se sua própria mãe. Não permanecerá muda diante de você, sobrarão assuntos para comentar, opinar e dar foras.

Não concordará com tudo para agradar, o que é mais gostoso, sua personalidade combativa, decidida, discordante não suporta fingimentos. Ao invés de brigar, irá sugerir soluções. Afinal, é o que faz todo dia. Não cobrará a ânsia de uma família, mas mostrará aos poucos o que é uma família.

Uma mulher com filhos é amorosa porque conhece a fundo a solidão para sair dela.

A ÚLTIMA REFEIÇÃO

Comida de mãe é outra história. Talvez seja porque envelhecemos e a saudade aperta os dentes. Minha vontade é recuperar o guisadinho posto de canto, o feijão amontoado nos lados, as batatas que deixava no prato da infância, o arroz sequinho que nunca dei valor. Comeria hoje todas as minhas sobras com vigor. Nenhum restaurante se compara aos temperos cultivados na própria horta.

Assim como os condenados à pena de morte têm direito a escolher sua última refeição, a mãe criou um método de entusiasmar seus filhos na superação de exames.

Em todo vestibular ou provação mais severa, ela se prontificava a elaborar o prato predileto do candidato da família. Perguntava o que se desejava comer com a naturalidade de quem diz boa-noite. De manhãzinha, sumia para catar os ingredientes. Voltava arrebanhada de sacolas. Poderia exigir comida tailandesa, que lá vinha.

Lamento não ter me inscrito em mais concursos. Esnobei diversas chances de renovar o paladar e saciar as fantasias de grávido de minha vida.

Na seleção da UFRGS, desejei quibe frito. Recebi porções generosas com um detalhe: unicamente destinadas para mim. Os irmãos me suportavam comendo e suspirando... Era uma realeza gastronômica. Ainda oferecia um pedacinho a eles para debochar. Não aceitavam por orgulho. Em represália, intensificava meus suspiros de limonada.

Claro que comia demais e passava mal nas provas.

Mas não contei isso para minha mãe.

SEM NOME

Quando não se entende o que se sente é a melhor parte. Os namorados se beijam nem sempre para beijar, e sim para não ter que falar. A palavra destrói o amor, o beijo cura.

Numa sorveteria de Porto Alegre, faltou plaquinha para nomear um sorvete.

São quarenta sabores, somente um desprovido de batismo. Todo mundo que é atendido fica curioso com aquele pote no canto, anônimo. Vi gente coçar a barba, o cabelo, o umbigo diante do mistério gelado. Como se fosse um enigma. Uma rua ainda não pavimentada pela boca, infantil, em que as crianças jogam bola de uma garagem a outra sem se preocupar com a movimentação dos carros.

É mortal: das duas ou três bolinhas escolhidas, uma delas é justamente o sem nome, agora Sem Nome, pois de tanto ser chamado de Sem Nome acabou sendo esse o seu nome. Chocolate com amêndoas, pistache, morango e crocante; os gostos tradicionais foram superados na lista dos pedidos. O Sem Nome é o que mais sai, justamente porque ninguém sabe ao certo o que está lambendo e há o temor de perguntar do que se trata. O receio de esgotar o segredo e frustrar a brincadeira de cabra-cega.

O mesmo acontece com o amor. Quando não se entende o que se sente é a melhor parte. O trecho da paixão, a vontade de se aproximar sem pensar. A vontade de se encontrar para permanecer mudo. A vontade de telefonar para não dizer coisa alguma, apenas respirar ofegante e gemer diante do aparelho como operador do telessexo. Os namorados se beijam loucamente nem sempre para beijar, e sim para não ter que falar. As palavras são incômodas. A palavra destrói o amor, o beijo cura.

O amor também tem seu sorvete Sem Nome. É o que não será declarado apesar de longa convivência. É o que deveria ser dito no início, mas a ansiedade não deixou, o que deveria ser dito no final, mas já se tinha intimidade. Um tremor, um desespero alegre. Um apego pelo cheiro do pescoço. Um apelo pelo cheiro adocicado e selvagem do sexo no quarto. Um apego pelo cheiro dos travesseiros tomando sol na janela. Até um apego pelo cheiro de guardado do guarda-chuva, pelo cheiro de guardado do blusão na parte de cima do armário, pelo cheiro de guardado das lembranças.

O amor é o Sem Nome. Olhar para um filho aprendendo a escrever com uma das letras ao contrário e rir comovido daquele "E" caminhando na contramão da linha. E perguntar para a letra: "Aonde vai?", e não corrigir para segui-la.

A DR (Discutir a Relação), por exemplo, nunca tem fim. Não é para ter fim. Pois ninguém conseguirá aclarar por que se ama ou por que se deixa de amar. O casal pode varar madrugadas debatendo o comportamento, o que é certo e o que é errado, o que é justo ou injusto, só que não chegará a nenhuma conclusão

Chegar a nenhuma conclusão é o Sem Nome. As discussões terminam pelo cansaço ou pelo sexo. Não se encerram porque foram resolvidas, não se pode definir aquilo que é maior do que a própria vida. Duas vidas juntas são mais difíceis de serem resumidas. Não é como tese, que vem com uma sinopse na primeira página.

Recapitula-se o que se viveu e teremos uma seqüência desordenada de imagens, um videoclipe sem música. Entende-se o que se ama pela ausência de esclarecimento. O absoluto entendimento parte da confusão: será que estou ou não estou amando? Quanto mais confusos, mais intensos.

Enquanto não tivermos palavras para explicar, continuaremos amando. Por isso, deixo a bola de sorvete do Sem Nome ao fundo, para comer com a casquinha e fazer bastante barulho com os dentes.

ELA VAI ENVELHECER

Ela vai envelhecer para o carteiro, que passa por ela às 11h, com sua sacola azul e seu escapulário sobre a camisa amarela. Ela vai envelhecer para os colegas do Ensino Fundamental. Ela vai envelhecer para suas amigas do Inglês. Ela vai envelhecer para seus vizinhos, que disputam orquídeas nas varandas. Ela vai envelhecer para seus amigos de infância, que somente conhece pelos apelidos. Ela vai envelhecer para seus animais de estimação, mortos e vivos, lembrados ou esquecidos. Ela vai envelhecer para a floreira da esquina. Ela vai envelhecer para a menina da janela, que espera a mãe voltar do almoço. Ela vai envelhecer para seus filhos, que comentarão com piedade entre si que ela já não é a mesma. Ela vai envelhecer para seus alunos, que ainda dirão que está conservada. Ela vai envelhecer para as balconistas do mercado, do banco, das lojas, que não se incomodarão em verificar o saldo. Ela vai envelhecer mudando de roupa, conferindo o batom no espelho, alisando o quadril pelos bolsos de trás. Ela vai envelhecer a cada gripe mal curada, a cada choro engasgado. Ela vai envelhecer ao estender suas toalhas. Ela vai envelhecer ao aproximar incrivelmente os olhos dos livros. Ela vai envelhecer em sua melhor risada. Ela vai envelhecer ao renovar a carteira de identidade. Ela vai envelhecer ao cobrir as rasuras da geladeira com ímãs, as falhas das mesas com fotos. Ela vai envelhecer para seus irmãos que moram longe. Ela vai envelhecer quando alguém abraçá-la na rua: "Não acredito que é você." Ela vai envelhecer na primeira reforma da casa, mais ainda ao migrar de casa. Ela vai envelhecer ao desistir da calça de cintura baixa. Ela vai envelhecer para seu analista. Ela vai envelhecer para seus colegas de trabalho. Ela vai envelhecer para os garçons, para os mendigos, para os vendedores de jornais no sinal. Ela vai envelhecer, por mais que seu rosto não se apresse no bom-dia ou suas pernas cancelem o boa-noite. Ela vai envelhecer descendo as escadas. Ela vai envelhecer ao sair do cinema. Ela vai envelhecer quando não for compreendida, continuará envelhecendo ao ser entendida. Ela vai envelhecer tomando banho de sol, de mar, de vento. Ela vai envelhecer ao perder a contagem dos números romanos. Ela vai envelhecer com as veias saltando, com a pele de vidro. Ela vai envelhecer ao trocar as sardas pelas manchas. Ela vai envelhecer ao suspirar mais do que o chá. Ela vai envelhecer com sapatos usados uma única vez. Ela vai envelhecer com vales de números quebrados. Ela vai envelhecer ao recuperar sua boca no buquê do vinho. Ela vai envelhecer ao não dar conta do serviço. Ela vai envelhecer pela cervical. Ela vai envelhecer ao escorregar os pés para o fundo das poltronas do avião e do ônibus. Ela vai envelhecer ao escutar a música favorita de sua adolescência. Ela vai envelhecer ao tingir seus cabelos brancos. Ela vai envelhecer ao sentir a urgência do casaco dentro da cama. Ela vai envelhecer como um pião envelhece na corda, como uma colcha envelhece em seus retalhos, como uma criança envelhece ao escrever. Ela vai envelhecer para os outros. Todos os outros.

Eu é que não saberei de nada disso envelhecendo com ela.

DEPOIS DA FESTA

Em final de festa, sempre bate uma fome. Uma larica espiritual. E não poupamos esforços em procurar um cachorro-quente, caldo de feijão, um prensado, sopa, qualquer coisa para reanimar o corpo e voltar para casa com a obrigação atendida do café da manhã.

Aproveitamos o que vem, agradecemos o que está aberto. Não somos enojados, superamos as restrições alimentares e sociais, capazes de comer o que nem estamos acostumados.

É agradável parar um pouco numa barraquinha ou num trailer e se deter diante de sua companhia com os olhos lavados e pacientes da noite.

Afora o prazer do silêncio depois de deixar o som incessante de uma balada. Um silêncio total, onde se ouve com nitidez uma cigarra trocando de árvore ou as braçadas das estrelas voltando para a margem.

O final de nossa vida deveria ter a mesma fome. Não o conformismo. Não a desistência. Não o cansaço das virtudes e a complacência dos defeitos. Não a resignação de que já se fez o melhor e agora é tarde.

Manter a fome como se a vida fosse terminar a cada dia que passamos. Supor que se morrerá logo mais e ser um condenado à vida. Porque quem está com dias contados aprende a ser um condenado da vida e se liberta da morte. Da idéia da morte como extinção. Já quem pensa que pode viver até os 80 anos é um condenado da morte e não aproveita nada, porque deixa para depois o que não virá a tempo.

Se eu morresse hoje, treparia com a minha mulher até perder a coordenação das pernas, largaria a caixa de mensagens e o computador e sairia com os amigos, telefonaria para conhecidos que não vejo há dez ou quinze anos, compraria presentes para os sobrinhos, deixaria minha mãe falar sem interromper, seria mais sutil como as mulheres, menos apressado como os homens, escreveria loucamente as memórias dos dias em que não estarei aqui, experimentaria comidas exóticas, freqüentaria a praia de madrugada sem temor de assaltos, pularia ondas para me lembrar das voltas largas e do estalido da corda na escola, visitaria a casa de minha infância, não seguiria pedidos como o de não pisar na grama ou não conversar com o motorista, me tornaria uma oração insubordinada, dançaria com a música das lojas e dos supermercados, subiria nas árvores com os filhos para jogar frutas nos outros bem escondido, andaria no cemitério para decorar lápides desconhecidas com flores, não sairia mais de guarda-chuva, leria o jornal com canetinha colorida, daria minhas roupas para os amigos que mais amo para vestirem em meu enterro, seria coroinha por uma missa, confessaria minha vida a um garçom.

Se eu morresse hoje, iria curiosamente esquecer de morrer, tão ocupado em me despedir.

A PELE ENXERGA MELHOR

Eu tenho uma inclinação por sardas e cabelos ruivos. Mulheres com sardas costumam não gostar, é curioso. Quando criança, uma amiga colava fita crepe no rosto e puxava, acreditando que as sardas sairiam junto. Ela não respeitava as sardas, confundia com espinhas. Ficava furiosa com Deus, que pintou seu corpo sem permissão. Coloriu seus braços enquanto dormia no ventre. Abominava a idéia de ser diferente. Sofria com brincadeiras alusivas à ferrugem.

Tanto que não usava dedos ou palitos de fósforo para aprender a contar na escola, mas as sardas. Enchia a tez de cremes da mãe para sarar daquilo que era uma virtude. Agredia as pintas como uma catapora, uma doença, uma tristeza de guitarra. Encabulada com os apelidos que poderia receber. Se um menino a observava com admiração, já tomava como crítica e virava o pescoço para não se machucar. Fugia de si, como se o véu fosse a própria face. Era uma muçulmana de sua timidez.

Enquanto ela queria tirar as sardas, eu desejava tê-las. A pele enxerga melhor com sardas. São os óculos naturais da pele.

Fogo que levemente doura. Brasa singela que acomete as árvores e o crepúsculo no outono. Pão casado com a madeira.

As sardas são uma procissão da boca. Não retiram beleza, mas acentuam. Fazem qualquer rosto voar como os cabelos, subir como um vestido. Não deixam nenhum rosto brincar sozinho. São marcas de lábios das folhas. Uma chuva de folhas. O cheiro de alfazema das folhas.

O ouvido torna-se mais próximo das sobrancelhas, mais próximo do nariz, mais próximo do queixo. É possível acompanhar toda a vizinhança dos telhados. As sardas são balas de goma, o açúcar das balas de goma. Elas fazem o corpo rir mesmo quando está indisposto. Uma mulher com sardas tem jeito de praça na ladeira. Eu só subia a ladeira da rua porque tinha uma praça no meio do caminho para brincar e recuperar o fôlego. A praça sempre foi a véspera de minha casa. As sardas são a véspera do sol.

Um rosto com sardas — pode reparar — é bem iluminado. Não pela luz que entra, pela luz que já estava lá.

NÃO SE COME UMA MULHER

Já ouvi muito que sexo não é seguir a cabeça e deixar as coisas acontecerem. Sexo seria não pensar. Não concordo, sexo não é inconseqüência, é conseqüência da gentileza. Conseqüência de ouvir o sussurro, de ser educado com o sussurro e permanecer sussurrando. Perder o pudor, não perder o respeito. Perder a timidez, não perder o cuidado.

Sexo é pensar, como que não?

E fazer o corpo entender a pronúncia mais do que compreender a palavra. Como se não houvesse outra chance de ser feliz. Não a derradeira chance, e sim a chance.

Uma mulher está sempre iniciando o seu corpo. Cada noite é um outro início. Cada noite é um outro homem ainda que seja o mesmo. Não se transa com uma mulher pela repetição. Seu prazer não está aprendendo a ler. Seu prazer escreve — e nem sempre num idioma conhecido.

Ela pode ficar excitada com uma frase. Não é colocando de repente a mão na coxa. Ela pode ficar excitada com uma música ou com uma expressão do rosto. Não é colocando a mão na sua blusa. Mulher é hesitação, é véspera, é apuro do ouvido.

Antever que aquelas costas evoluem nas mãos como um giz de cera. Reparar que a boca incha com os beijos, que o pescoço não tem linha divisória com os seios, que a cintura é uma escada em espiral.

É comum o homem, ao encontrar sua satisfação, recorrer a uma fórmula. Depois de sucesso na intimidade, acredita que toda mulher terá igual cartografia, igual trepidação. Se mordiscar os mamilos deu certo com uma, lá vai ele tentar de novo no futuro. Se brincou de chamá-la de puta, repete a fantasia interminavelmente. Assim o homem não vê a mulher, vê as mulheres e escurece a nudez junto do quarto.

Amar não é uma regra, e sim onde a regra se quebra.

Não se come uma mulher, ela é que se devora.

PAINEIRA

Para Luciana Araújo

Ansiava subir numa paineira. Meu desejo irrealizado de telhado, mas ela tinha espinhos avantajados que não davam para dobrar como os da roseira. Espinhos fortes, agudos, medievais.

Observava a árvore na praça, como um órfão admira o pai de um colega ou como quem esconde da professora o atraso da mãe na saída da escola. Tocava-me a nostalgia do que nunca poderia fazer. A paineira, intransponível com suas pontas de lança. Os galhos muito acima da minha capacidade de encurtá-los.

Deixei esse sonho de lado, como muitos outros, sem mexer ou importuná-los, fingindo que não me conheciam. Ao empurrar meu filho no balanço, na mesma praça que freqüentava quando pequeno, assusto-me com a mobilidade de uma criança alçando justamente a paineira impossível. Não havia percebido, o que ela propôs foi simples: usava os espinhos como degraus. A paineira ficava mais fácil de subir, porque naturalmente apresentava os grampos do alpinista em sua crosta. A criança se elevava com ligeireza e alegria, ainda gritou de cima. Avistava um continente estranho.

Não havia insistido. Muito menos ensaiado vôos pelas cordas das mãos. Sondava somente o langor dos espinhos, concentrado na dor que eles poderiam me provocar, no ferimento que ainda não existia, nos joelhos esfolados que deveria levar para casa. Não cogitei os espinhos como os ombros que me conduziriam ao alto, como um modo de me proteger.

Uma amiga esperou três anos para que um amor se resolvesse por ela. Viveram juntos, se separaram. Faltava cumplicidade, não ser esquecida pelo seu olfato. Faltava que ele dissesse que não conseguiria ficar sem ela, que ao menos sentia saudades. Ela praguejou escondida, suportou as olheiras, encabulou meses de convívio, tentou ser forte, mudou de planos, pensou que enlouqueceria caso não se abrisse para alguém, não se abriu e enlouqueceu, arrebentou-se em segredo para sofrer sem que ele visse que sofria.

Na última semana, ela se reencontrou novamente com o ex. Num ônibus, entre passageiros que nada tinham com isso, ele finalmente declarou sua paixão e expressou todas as palavras que ela queria ouvir. Todas. Até aquelas que não ouviria, pois era vaidade demais imaginá-las. Perguntou, inclusive, se ela continuava usando o mesmo perfume. Ela riu: "Sim, eu não mudei de perfume." Talvez tenha mudado de corpo, de perfume não. Ele riu, acreditou que ainda era tempo, que ela o aceitaria de volta.

Ela afastou os braços dele dos seus ombros. Com ternura. Uma ternura de quem soube avançar pelos espinhos e enxerga a vida da copa das árvores, com mais altura do que o vento. Com mais discernimento.

Um amor atrasado não é amor. Um amor atrasado é amizade depois de um amor que não aconteceu.

ADIVINHANDO

O que está fazendo?
Eu deixo de viver para me concentrar melhor naquilo que está fazendo. Não pretendo me distrair de pensar o que está fazendo sem mim. Minha ocupação é imaginar se está lendo neste dia de chuva, com as pernas para cima no sofá.

Qual será o livro? Estará gostando, com receio de que termine, ou detestando, já questionando se vale a pena continuá-lo. Se bem que em dia de chuva nenhum livro termina, todos os livros começam.

Qual é a cor de sua solidão? Creme, igual às paredes de sua infância? Você come verdura por obrigação? Ou se acostumou a esquecer o gosto pelo tempero?

Não atendo o telefone, não vou me dispersar em adivinhar o que está fazendo. Qual roupa escolheu, ou apenas recolheu uma coberta sobre os ombros, como uma afogada ainda traumatizada pelos últimos pensamentos? Será que você está ansiosa ou cansada? Invejo a lenta aproximação da claridade em seu pescoço, fazendo seu perfume subir à superfície com mais fragor.

Já foi ao banheiro? Você me ensinou a arte de aguardá-la na porta de um banheiro. Eu aprendi a esperá-la. O homem aguardando sua mulher no corredor é sempre um tarado. Ao fingir que não é tarado, termina sendo mais suspeito.

Na verdade, sou tarado por sinais. Um gato no muro, um carro com alto-falante vendendo frutas, pássaros ofendendo os vizinhos são carteiros de seus pressentimentos.

Tanto que estou procurando definir se está pensando em mim com a mesma freqüência que vai à cozinha para deixar uma xícara suja.

Seu pé está gelado, você observa o par de meias e vê que uma unha está arranhando o tecido. Pega uma lixa, irritada que é domingo e o salão está fechado. Uma unha fora do lugar estraga a harmonia. Desiste, e tenta procurar o par de brincos verdes. Brincos ajudam a escutar melhor. É uma aldrava de janela. Você acha graça do que disse, repete: "Brinco é uma aldrava de janela." Olha ao lado, não estou.

Quantas frases eu guardei para um texto só porque você riu? Eu achei que eram importantes porque você riu. Você ri e eu acho importante, eu me acho importante porque me assiste.

Nesse momento, eu adivinhando o que está fazendo coincide com você imaginando o que estou fazendo. É quase como estar junto.

Nossas ausências são tão improváveis que se negam ao mesmo tempo. Seu sofrimento é educado, não vulgariza a dor a ponto de expulsá-la. A dor é mais um cachorro pela casa.

Você mexe no computador, lê alguns e-mails antigos que mandei, caça algo que não revelei, você me corrige, me legenda e não chega a nenhuma conclusão. Eu sou seu silêncio submisso. Um silêncio que não a desespera quando estou longe. Em sua companhia, minha mudez a atormenta. Eu tenho que estar falando e me explicando para que não me perca. Se não falo, eu a vejo me procurando enervada. "Onde está com a cabeça", "Onde está com a cabeça?" Você ama minha falta de palavras, mas não consegue sustentá-la.

Confia que meu silêncio a trai. Mas meu silêncio é quando sou mais fiel. Quando não brigo.

O que anda fazendo que não sei? Será que está alegre e despreocupada, nem aí para qualquer distância? Duvido, sua boca é muito vaidosa para não me mastigar.

Você me assusta. Pode explodir com uma conversa com a mãe, uma conta atrasada. Pode explodir sem motivo.

Você me assusta porque encontra o escândalo unicamente no amor. Fora dele, é discreta e reservada. Fora dele, não a conheço.

Vive me ameaçando, me pressionando, me provocando a nadar somente com os pés. Sua alegria é um surto. Sem licença e vergonha.

Pede para que espalhe a porra pelo seu corpo. Pelos seios. Pela cintura.

Você me engole com raiva.

Eu sou seu, só seu. Mesmo quando não estou ao seu lado.

NO PONTO REMOTO DA ESTRADA

Ao viajar de carro para o interior do estado, eu me fixo na casinha ao sopé do morro, isolada, sem nenhuma vizinhança aparente por perto. Casinha de madeira, com uma pobreza de barco.

Cachorros jogam escravos-de-jó com as pedras, galos e galinhas pulam corda transparente, os pássaros piam como se fosse sempre inverno e úmido.

A casinha encravada entre dois mundos: a estrada cheia, intensa de tráfego, e a cidade do outro lado da mata. São alguns minutos para absorvê-la, o bastante para que a curiosidade me faça projetar como seria a minha vida lá. Com quem estaria, o que teria para consumar ao longo do dia?

O varal com peças de pijama e toalhas está estendido na varanda. Os panos cruzam a extensão da porta com a janela principal. Presumo que seja temor de assalto, porque quintal não falta. As roupas molhadas são as cortinas. Vejo uma senhora, de saia floreada e andar trôpego, com balde de ferro. Quanto tempo não me encontrava com um balde de ferro! Balde de poço, fundo, niqueleira de chuva.

O balde segue na altura dos seus joelhos como uma perna mecânica.

A vaca é o portão do terreno. O que delimita a geografia da família, o tamanho da posse. Ela se esquiva do animal cheirando a grama. Chora. Ou faz uma careta para a estrada. Mentaliza que ela está me enxergando e pensando como é estar em meu lugar. Trocamos de corpo numa breve coincidência.

Um homem barbudo, com dois bebês no colo, grita para que ela volte. Segura as crias como se fossem pacotes — têm uma leveza insuportável, uma leveza de galho. Respiro uma pungência no espaço, até que duas crianças mais velhas correm em direção ao que julgo ser a mãe. Juro que elas vão abraçá-la e não deixá-la caminhar. Mas a rodeiam como obstáculo do pega-pega. Nem estão interessadas no drama. E correm soltas para os fundos do terreno, onde uma parreira estoca névoa e vinho. A casinha esparsa tosse gripada.

Vejo a mulher avançando para o meio-fio da estrada, senta na parada de ônibus; posso cristalizar seu rosto. É grave, sem alça para carregar. O homem não desiste da raiva. São grunhidos, não mais palavras. Entendo que está desesperado, e os bebês apresentam a cintura arredondada e engraçada de fraldas.

No conteúdo do balde, consigo discernir roupas femininas. Roupas secas, não molhadas. Não estão prensadas, e sim afofadas de vento, com mangas para fora.

O balde é sua mala. Ela entra no primeiro ônibus e parte como eu.

O ORGASMO FEMININO E O QUINDIM

Minha avó acordava pregando a vontade de comer quindim.

Logo cedo, no café, suspirava dedilhando o fundo da porcelana.

— Desejos de quindim, meu neto.

O doce estava vulnerável, feito na noite anterior, e ela não o retirava da bandeja. Não o tocava, sequer em pensamento.

Ela falava dele numa tortura dócil e maníaca. Uma seqüência obsessiva. A cada quinze minutos, o quindim aparecia de um jeito em sua conversa, como prendedor de palavras. Desde cedo, o dia ensolarado e ela ia lavar as roupas, mexer na horta, fazer compras, com a camada do quindim enrubescendo as idéias.

No almoço, garantia que terminaria a extravagância da espera.

Mas não, o quindim era a exclamação do final de suas frases. Postergava. Tomava o café e seguia com seus afazeres de pano e paciência.

Simulava que não estava pronto. Simulava aguardar uma jangada para circular nos canais venezianos de gema e açúcar.

A guloseima lembrava um parente distante; ela a arrumar a casa para sua visita.

Talvez a avó não estivesse pronta ao quindim. E não o esquecia e não sofria por lembrar.

Durante a tarde, o quindim permanecia surdo. Na jantar, o quindim ainda imóvel. Ela explicava a receita, o controle do coco, o tempo para construir as paredes cristalinas de seu doce. E não o devorava.

Na manhã seguinte, o quindim não mais residia nas grades da geladeira.

Ela comeu de madrugada, em segredo, depois de um dia inteiro a mastigá-lo sem os dentes.

Minha avó — e a afirmação cheia de blasfêmia — me possibilitou entender o orgasmo feminino.

A mulher é feita de narração. Ela deve engravidar o desejo. Cortejá-lo, rodeá-lo, ouvi-lo. Não dar conta dele para que ele passe a dar conta dela.

Diferente do homem, a mulher avisa o seu corpo. Prepara seu corpo. Informa seu corpo. Mantém seu corpo atento.

Seu prazer demora porque ela vai mais longe do que o homem.

O homem entenderá a mulher caso o seu prazer seja o dela. Nenhuma pressa, não entrar na água, seguir o rio andando pelas margens.

Abandonar mais de uma vez e não finalizar. Abrir um lado da cama ao vento, ao alarido da rua.

Permitir a ela acreditar que não conseguirá após vários adiamentos. Quando ela duvidar, prosseguir. É na desistência que o corpo cresce.

O prazer feminino mente a si. Mente que está chegando e volta, mente que está concluído e volta.

E, quando vem, percebe-se que tudo que voltou não foi desperdiçado.

DUAS VEZES MONOGÂMICO
(Drummond não foi Vinicius)

Há homens infiéis que são mais monogâmicos do que os fiéis. Antes que alguém me acuse de disparate, explico.

Lembro de Drummond, que, durante trinta e seis anos, teve uma mesma amante, Lygia Fernandes, não interrompendo seu casamento de meio século com Dolores.

Ele entrava na residência de sua namorada em Ipanema como um marido regrado. Sempre de tarde, após o serviço no Ministério da Educação. E regressava de noite para seu apartamento em Copacabana, poucas quadras dali, com igual severidade, aos braços de sua mulher. Sofro com sua hesitação — curta no tempo, longa no espírito — diante das chaves em seu molho no momento de abrir a porta.

Não bastava uma casa, ele ajudava duas. Duplamente monogâmico. Fazia o tipo conservador Nenhuma das duas mulheres o poderia trair. Mas não julgava traição estar entre as duas.

Não fugia de um casamento por uma aventura, fugia de um casamento para outro casamento. Deixava uma estabilidade para uma outra estabilidade. Deixava os problemas de um lar para os problemas do outro. As contas de um pelo outro. As preocupações de um pelo outro.

Nossa... Não posso classificá-lo de amante, mas de doido pelo matrimônio, incapaz da infidelidade que deveria ser provisória.

Ele não aspirava ao sexo casual, ao prazer momentâneo, à euforia inconseqüente, buscava o compromisso. Qualquer rua o levaria ao cartório. Ele não se apaixonava de cara, ele amava de cara, sem curso preparatório para noivos.

Não percebia que, quando a amante passava a recebê-lo em casa, ele já era da família. A comodidade o embaraçava.

Não o vejo dotado da indiferença, preparado emocionalmente a não atender o telefonema e enterrar as suspeitas. As suspeitas o enterravam.

Suscetível às ameaças, ao charme da carência, à inteligência da culpa. As mulheres transformadas em filhas, em que ele tenta igualar a criação e a distribuição de mimos.

Ao toque de um interurbano secreto, saía correndo. Tinha emergências de um cardiologista (e era enorme o risco de morrer de coração). Ele apegava-se, enraizava-se, moldava-se e não largava mais. Ele nunca escolhia, acumulava.

Conheço homens que são tão apaixonados pelo casamento que mantêm duas ou três histórias duradouras. E a duplicidade só será descoberta no velório, quando é perigoso apontar qual é a verdadeira viúva. Todas choram com ímpeto espartano.

Eles não estão procurando encontrar algo que falta no casamento, e sim repetir o que encontraram. O lado bom e o ruim.

Não duvido que o lado ruim, mais do que o bom. Talvez se sintam tão ameaçados pela desvalia, carentes, que multiplicam suas estradas e criam cadernetas de poupança para evitar uma das falências.

Se um casamento é complicado, pesaroso é entender o esforço de sustentar dois ao mesmo tempo. Ele trocará lâmpadas em duas casas, matará baratas em duas casas, pagará duas vezes IPTU, abrirá os potes de pepino em duas casas, trocará a resistência do chuveiro em duas casas?

É muita valentia. Ou burrice.

Reclamar que não há nada na geladeira eternamente e freqüentar o mercado mais vezes do que um caixa. Será que um cachorro o esperava em cada área de serviço com lambidas no rosto?

Como não se confundir no sono, não soltar um nome fora de hora? Não embaraçar o que foi vivido num bairro do que foi vivido noutro? Não denunciar que não conhece um restaurante quando o garçom se aproxima com indisfarçável ironia? Não se tornar paranóico com seus conhecidos, querendo eliminar as suspeitas?

A memória tem que ser prodigiosa, para decorar as datas de aniversários das mulheres. Não me refiro a um dia, que seria fácil, porém ao imenso e repetido calendário que envolve os cuidados amorosos. O dia do primeiro encontro, o dia do primeiro beijo, o dia da primeira transa, o dia de morar junto. Eu já fiquei cansado ao simular. Na hipótese dele se esquecer de alguma delas, estar pronto para discutir o relacionamento. Imagina brigar em duas casas? Largar uma discussão para começar a seguinte, com motivos e ciúme parecidos. Passar a vida se explicando, em crise, e se explicando sem ter razão.

Coitados dos homens que não conseguem se separar, e se casam e se casam com os casos para caçar loucamente o amor de qualquer jeito. Qualquer jeito não é amor.

PINTASSILGO

Não se grita para um pintassilgo: "Olha ali um pintassilgo!"

Não, isso acontece com um pardal, um sabiá, um bem-te-vi, um canário, um quero-quero.

O pintassilgo (repare que palavra bonita) é o vira-lata dos pássaros.

Ninguém o prende em gaiola, não é animal de estimação para exibir aos amigos, moeda de contrabando.

Pintassilgo faz cócegas na mão, não avisa sua chegada. Canta baixo somente para se ouvir. Bichinho despretensioso, que capina a calçada e as ruas ao sol e logo desaparece de noite.

O máximo de pessoalidade que recebe é "olha o passarinho!"

O pintassilgo é transparente, discreto como a grama, uma árvore andando de costas, um ninho pousando, amontoando os resíduos e trastes como se levantasse as próprias asas. Ele é o que não prestamos atenção. O que nos escapa. Fantasma de algum fruto.

Tem a elegância de uma nuvem. Deseja apenas um muro branco para não se confundir com sua carne.

A maioria das pessoas quer ser gavião ou águia, dependendo da ambição e do tamanho do bico. Eu me vejo como um pintassilgo. Minhas raízes são de caber em um sapato. Minhas pálpebras só rendem fio para um ninho, sem sobra para casaco. Martelo com os cotovelos e não desfaço a tinta. Não sei me explicar, explicar é se acusar.

Reconhecer minha pequenez é o que posso oferecer para estar em dia com a consciência. Não sou grande, não nasci para ser grande, mas para ser esquecido como elástico de cabelo, autoria de provérbio, ramo de hortelã, concha arredondada de espuma.

Vivo com um bando de minhas patas a engolir o vôo e iluminar a fome.

NA GARUPA

Na saída do cinema, no centro de Santos, um jovem anda de mãos dadas com sua namorada. Dispersa um dos braços e retira o cadeado de sua bicicleta.

A menina observa, constrangida, o desenlace das rodas do poste. Um nervosismo suspeito, negando a firmeza do queixo.

— Quando você me ofereceu carona, achei que tivesse um carro.

—Você tem um motorista, já é alguma coisa.

Não havia banco de trás, qualquer outro apoio formal. Ele abriu seus braços e ela sentou de lado, na barra da bicicleta. Antes de pedalar, o rapaz a protegeu de uma chuva imaginária. Foi um abraço de garoa, gentil e compreensivo. Até a esquina se espichou para olhar.

Ela estava novamente surpresa. Agora de suavidade.

Partiram lentos. O som multiplicando os aros.

Foram devagar, para a casa demorar de propósito. A casa não dependia de mais nada.

O ladear chinês da bicicleta, a montaria altiva, a aceitação da própria condição financeira sem recalque ou decepção. Uma elegância que nunca será superada por quem puxa a cadeira ou abre a porta do carro a uma mulher.

Não faço idéia do nome, da idade e do time de futebol daquele rapaz, mas ele virou meu ídolo. Dentro de mim, as calhas se encontraram.

Quando criança, não aceitava a garupa. Era sinônimo de imaturidade. Ia nas costas da colega que morava na mesma rua. Menina ruiva, de sardas e pinta no nariz. Ia por obrigação. Ou não alcançava o horário da aula. Louco para chegar e abandonar o papel de coadjuvante. Só quem dirigia existia, eu não.

Recebia contrariado o pedido de não balançar para nenhum lado. Compreendia a garupa como uma limitação obediente. O desequilíbrio e a culpa do tombo seriam exclusivamente meus.

O que indica o quanto sou despreparado para receber da vida a própria possibilidade de ser levado. De confiar em quem me leva.

Não se pode trair uma alegria. Mas eu a desobedeci por desejar aparecer. Esqueci que um casal numa bicicleta forma uma única sombra.

Hoje aceito carona. Flertar com o vento e deixar as pálpebras ao léu, leves como devem ser: leque das ruas.

CIÚME E CIÚMES

Ciúme mata. Ciúme ressuscita línguas mornas.
Quem não mentiu por ciúme?
Quem não falou a verdade por ciúme?
Ciúme pode aumentar o amor.
Ciúme pode arrebentar o amor.
Foi pelo ciúme que descobri que amava. Foi pelo ciúme que descobri que odiava.
O ciúme tranqüiliza. O ciúme atormenta.
Por ciúme cometi a mais imprudente declaração. Por ciúme cometi o pior dos vexames.
O ciúme é o agente infiltrado. Dois patrões (a virtude e o defeito), dois empregos (a paixão e o desespero), dois salários (o início e o fim).
É um cargo fantasma. Recebe por fora. Trafica informações para a paranóia e neurose. Mantém a loucura atenta. Exerce contrabando nas calçadas de casa, soltando quinquilharias nos tapetes do corredor. Vende artigos pirateados e fornece notas fiscais falsas.

Ciúme é doentio. Mas sem ciúme não seremos normais. Longe dele, somos insensíveis. Com ele, sensíveis em excesso.

Já sofri de ciúme e ciúmes.

Ciúme no singular é o inteligente, o velado, o contido, ajuda a sedução. Alegria de ser reparado. Quando a namorada demonstra preocupação pela primeira vez. Ciúme para cumprimentar e desaparecer. Não permanece incomodando e tomando conta da conversa, dos programas, dos horários.

Ao insistir e cobrar explicações, deparamos com o ciúme burro, ciúmes, o que não se pia de vergonha, o descarado, o preconceituoso, que destrói a empatia.

Ciúme inteligente é próprio da fagulha, mal e mal forma uma pontada. Não chega a abrir escritório. É pessoa física. Quase um charme se não fosse uma necessidade de prestar atenção.

A mulher fareja o comportamento estranho do namorado, disposto em reuniões e desculpas despropositadas. Evita o questionário mais severo e vai aparecendo nos lugares em que ele menos espera. O ciúme inteligente provoca o terror em quem está provocando o ciúme.

(Um homem traindo ressuscita amigos antigos porque lhe faltam álibis. De repente, encontra colegas do Ensino Fundamental, do Médio, da faculdade, do futebol, para explicar atrasos. Sua vida só será igualmente numerosa no enterro.)

Se ele anda aprontando, ela não menciona nada. Não prepara chantagem, não valoriza a fuga. Inibe as tramas ilícitas ao surgir de surpresa e mostrar confiança. Ele não terá provas de que ela desconfia.

Ciúme inteligente esconde o nervosismo. A tendência é perder a paciência e descambar para a briga sobre o-que-está-acontecendo-conosco.

Não existe inquérito. O namorado se verá culpado subjetivamente. Deseja todos-os-motivos-do-mundo-para-terminar e encontrará todos-os-motivos-do-mundo-para-tentar-novamente.

Não dá para se despedir sem ofender. O fim de um relacionamento depende de um bom desaforo. Ninguém entra na briga com motivos, briga-se para procurar motivos. O ciúme inteligente elimina o barraco.

O ciúme burro, ciúmes, não tem fundamento ou noção para diferenciar cenário e amigos. É um pré-ciúme. O medo de sofrer leva o ciumento a sofrer antes.

É mais do que ciúme, é inveja do que o outro experimenta sozinho. Inveja que não permite que o outro esteja mais feliz. O ciúme burro, ciúmes, é quando a pessoa não tem vontade de melhorar para equilibrar a relação, tem vontade de piorar sua companhia para equilibrar a relação.

Cria ciúme mesmo quando não há motivo. O ciúme burro, ciúmes, cria o ciúme mais do que cria amor pelo ciúme. Acontece sem escala e hierarquia, as memórias serão extintas pelas suspeitas. Não é o caso do ciúme servir o amor, é o amor que serve o ciúme.

Seguir secretamente o namorado, instalar escutas, deixar doze chamadas e três recados telefônicos em menos de cinco minutos, escrever cartas de despedida, procurar amigos para confirmar histórias, desenvolver a mediunidade do desastre.

Não se agüenta o ciúme burro. Emburrece todo o resto, inclusive o que não se viveu.

O SPAM VEIO DE CASA

Os meios não justificam o fim. Por mais que se convencione que o amor não tem regras, o amor tem legislação. O corpo tem legislação. As regras não são imutáveis, mas precisam ser respeitadas em comum acordo.

Conheço vários casamentos que terminaram na caixa de correio eletrônico. Não estou falando de um e-mail desaforado ou de um fora virtual, uma esmola diante da possível falência provocada pela indiscrição matrimonial.

Desconfiados de infidelidade, mulheres e homens logo violam os computadores de seus parceiros e devassam a correspondência de e-mails. É mais agressivo do que mexer nos bolsos e na bolsa. É mais agressivo do que conferir o boleto do cartão de crédito e a conta do celular.

Óbvio que alguma coisa será encontrada entre o destinatário e o remetente. Algo que desconhecem do marido ou da esposa. Podem achar mensagens excessivamente carinhosas, ou não compreender o súbito interesse por cavalos crioulos. Haverá textos cifrados, passíveis para qualquer contexto, do motel ao escritório.

O que entender? O pior, sempre. A paranóia não procura boas notícias.

Quando se mexe numa caixa postal, o detetive doméstico ou o hacker amoroso tem certeza da traição. Procura apenas comprovar, para chafurdar o passado e reconstituir os últimos meses. Ele não está questionando, está julgando e elaborando a sentença. Como não deseja ser o último a descobrir o caso, elimina o pudor e quebra a etiqueta do convívio e da amizade.

Tomados de vergonha, ele e ela não contarão que invadiram. Começarão a perguntar — de modo inofensivo — sobre alguma pessoa. Toda resposta formal a respeito do assunto desagradará. "Ela é legal" e "ele é um grande amigo" não servem. Inicia-se uma pressão por detalhes em que o interlocutor não entende absolutamente nada — porque não sonha com a possibilidade de que seu e-mail particular virou uma biblioteca pública.

Quando se entra numa caixa postal que não é nossa, a infidelidade já aconteceu. Não adianta fundamentar a insanidade do ato porque foram encontradas provas verídicas de infidelidade. A conseqüência da busca e da apreensão não elimina o constrangimento. Não apaga a sensação de furto. O marido ou a esposa podem ter sido covardes de não contar o que estavam fazendo. Podem ser covardes pelas traições sigilosas.

Mas mexer na caixa postal dele ou dela é freqüentar o mesmo patamar de covardia. É arrebentar o laço de confiança.

O fio ficará curto para um outro nó.

NINGUÉM QUER SER ADULTO

Meu sonho era ter rugas, papada, cabelos brancos e uma sabedoria de fogão à lenha: contar minha vida como se ela nunca fosse terminar. Invejava o privilégio dos pais, que ficavam conversando até tarde. Eu tinha que dormir rigorosamente às 21h. Saía na melhor parte das histórias. Debaixo das cobertas, tentava discernir o assunto, mas me perdia no cansaço. Cada gargalhada que surgia da sala me acordava e produzia em mim a sensação de não ter sido convidado para a festa. Ansiava fazer parte da insônia misteriosa da gente grande. Quem não se sentiu assim?

A inveja é uma maneira de dizer que admirava. Minha ambição era crescer logo, tanto que, na parede da cozinha, o pai arrumou uma régua gigante para medir a altura dos filhos. Marcava com lápis verde-musgo os avanços da noite, dos meses, dos anos.

Lembro da primeira vez que andei de bicicleta, da minha primeira gravata, da minha primeira gilete para tirar o bigode, em que o pai emprestou seu pincel e criou espuma e ardeu um novo mundo em minha pele, lembro quando minha mãe me convidou a dirigir o carro, quando sentei na cabeceira da mesa do restaurante. Pequenos reconhecimentos que me estimulavam a ir adiante com convicção.

Hoje as crianças não querem crescer, e os pais decidiram ser adolescentes de novo.

Não há mais adultos no mundo. Ninguém mais pede para ser adulto. O tempo parou afetivamente, e raros são os corajosos que desejam envelhecer.

Nem dependo do sexto sentido para descobrir a resposta. Os adultos só falam mal de sua maturidade. Vivem reclamando, reclamam vivendo.

Os filhos recebem de nós uma visão triste e doentia da responsabilidade. Ser adulto virou sinônimo de trabalhar dois turnos, sem direito a trégua, incômodo, enxaqueca, ausência de dinheiro, separação. Não vejo nenhum amigo argumentando ao seu filho que amadurecer é ser amigo da alegria. Ou, no mínimo, seu vizinho.

Não duvido que as crianças logo desabafem: "Quando crescer, serei tudo, menos adulto."

A rejeição foi criada pelos próprios pais, que teimam em voltar para a infância quando deveriam abandoná-la. Pelo medo da independência dos filhos, retardam os rituais de passagem.

Não é o que eu faço que me torna importante, é o modo como faço. A profissão é de menos, procuro mostrar onde trabalho para meus filhos, explico o que estou cumprindo, lembro de causos e trapalhadas.

Nada de um minutinho e depois eu ligo. Nada de isolar o assunto e sentir vergonha porque se recebe pouco ou não se é conhecido. Fale no momento da pergunta. Partilhe as dúvidas que são melhores do que as certezas incomunicáveis.

Quando brinco com meu filho, eu sei que ele é a criança. Quando meu filho brinca comigo, ele tem a noção de que sou o adulto. Um dia ele vai ser o adulto, e eu, o velhinho. Um dia ele vai ser pai, e eu, avô.

Ao prepará-lo para a aula, inventei de comentar que a infância é um casaco com forro peludo. Ele replicou que ser adulto é apenas virar o casaco para usá-lo.

— O casaco continua igual, só mudou o lado — completou.

Foi bom ter crescido.

INSISTA

Sempre insista. Fale mais do que seja possível pensar. Insista. Temos que ter a capacidade de superar as resistências. Toda primeira conversa enfrentará uma série de inconvenientes. Mas insista. Não recue com a gafe, com o estardalhaço, com a vergonha. Siga adiante. Comece a rir sozinha.

Rir é receber a pergunta: "Do que você está rindo?" Rir é ser perguntado. Não há motivo para rir, rir é se abraçar.

Minha risada é meu gemido público. Acordar me deixa excitado.

Talvez aquela amiga não queira namorá-lo para não estragar a amizade. Portanto, diga: quero hoje estragar nossa amizade. Estragar de jeito. Arruinar nossa amizade. Corromper nossa amizade.

Estrague fundo, o amor pode estar recolhido nela. Mas não aceite tão rápido o que ela não acredita. É disfarce, vivemos disfarçados de normalzinho, de ponderado, de retraído, porque a verdade, quando surge, toma atitudes impensadas, como comer algodão-doce nesta terça-feira diante de uma escola de normalistas. Que saudades de acenar para uma freira dirigindo um fusca. Deus é uma freira dirigindo um fusca. Tenho saudades de me exibir cortando laranjas. As tiras simétricas, os cabelos loiros da laranjeira. Tenho saudade de passear com a minha laranjeira.

Não se explique, insista. Eu não vou ficar esperando alguém me salvar. Eu mesmo me salvo. Eu mesmo me arrumo para a loucura.

Insista. O apaixonado cria sua boca. Cria sua boca para cada boca. Caso tenha prometido ir atrás dele, vá. Telefone, ainda que atrasada dois anos da promessa. Volte atrás, não queira pensar com os olhos, a boca são olhos mais atentos.

Não se intimide ao encontrar seu homem no momento errado. É sempre o momento errado. Seja o momento errado da vida dele. Mas seja parte da vida dele.

Seja o erro mais contundente da vida dele. Seja a vida do seu erro, para ele errar mais seguido.

Talvez aquele amigo não converse para manter a aparência de misterioso. Talvez ele nem saiba conversar, seja incompetente. Insista. Uma hora ele vai tomar um porre do seu silêncio, sentar no meio-fio e falar aramaico. Todo homem guardado uma hora fala aramaico. Insista, esteja perto para o sermão dos pássaros no viaduto.

A vida mete medo quando ela não é formalidade, não temos como nos defender do que parte dos dentes. Tenha um medo assombroso da vida, que é mais justo, deixe a morte com ciúme e inveja, deixe a morte sem dançar.

Não fique articulando frases inteligentes, comoventes, certas. Insista. Sei o valor de uma fantasia, mas insista. Tropeçar ainda é andar, pedir desculpa ainda é avançar, concentre-se na dispersão.

Ninguém quer falar com ninguém. Mas insista. Na sala do dentista, no trem, no ônibus, no elevador. Insista. O que mais precisamos é de estranheza para reencontrar a intimidade. Não há nada íntimo que não tenha sido estranho um dia. Seja estranho com o ascensorista, com o porteiro do prédio, com a colega. Declare-se apaixonado antecipadamente. Depois encontre um jeito de pagar. Ame por empréstimo. Ame devendo. Ame falindo.

Mas não crie arrependimentos por aquilo que não foi feito. Sejamos mais reais em nossas dores.

Tudo o que não aconteceu é perfeito. Dê chance para a imperfeição. Insista.

DO NADA. DE NADA.

Numa palestra, uma adolescente me questiona como o amor vem.

São aquelas perguntas que precisam de noventa minutos de retrospectiva e uma sala de cinema vazia.

Respondi por evasivas. Ela não insistiu por educação.

Na manhã seguinte, inclinei-me na varanda para boiar o rosto no ar. O vento foi barbeando o pescoço. Levantei obediente o queixo para cima.

O vento tem uma mão mais segura do que a minha.

— Do nada. O amor vem do nada.

Na escola, não era capaz de dar um beijo sem pedir licença, enquanto meus amigos beijavam primeiro para conversar depois. Terminei mais solteiro do que o professor de Religião. Jurava que a palavra viria me dizer o que tinha que fazer. Fiquei com a palavra; os outros ficaram com os lábios.

Na festa de fim do segundo ano do 2º Grau, Silvia passou todo o tempo comigo de mãos dadas. Faria um desenho amarelo, com telhados e árvores, jardim nas calhas, se pudesse reproduzir meu orgulho ao circular com ela. Concluí que estava namorando. Idiota, fui contar a notícia a um colega, bem no momento em que ela beijava a boca de meu melhor amigo.

Laura, Eugênia, Elisa, nenhuma das minhas amigas soube que eu as amava. Um pouco por incompetência, outro tanto porque o amor dificilmente se confessa.

Eu já me arrumei para um encontro que só eu havia marcado, já tomei banho por uma mulher que nem me conhecia, já mudei meus horários para puxar conversa, menti acasos para criar empatia. Já fiei anos por uma declaração, meses por uma notícia, dias por um cumprimento.

Nunca dependi de grande coisa para amar.

Eu me apaixono por nada, por bobagem. Posso dedicar minha insônia a uma pálpebra feminina. Confundo a irritação dos olhos como uma mensagem. E tentarei explicar os gestos subseqüentes dela como uma articulação premeditada para me conquistar.

Quando o abraço de uma mulher desliza para o quadril, pressinto que ela está me deixando existir. Talvez seja casualidade, mas o amor é uma casualidade. Entendo como quero. Quando o aperto da face escorregou ao pescoço, não tomarei como falta de jeito, avalio que tenho chance. Quando uma amiga telefona fora de horário, desconfio de um interesse maior.

O amor não desperdiça nenhum indício. Nenhum início.

Qualquer erro de entendimento é a possibilidade do amor. O amor é o erro de entendimento. Flerto com quem não foi avisada de que está flertando comigo.

O amor é só esperança. A obsessão da esperança. Imagino ter dito, nunca deixo claro para continuar amando. A ausência de confirmação não me modifica. Prefiro não descobrir se o desejo é mútuo para prosseguir sonhando. Ao descobrir que não sou correspondido, é tarde para desistir.

Não falo porque vivo a crença de que alguém escute os meus pensamentos.

Recorto frases, isolo sons, guardo expectativas.

Deus não joga os rascunhos fora. Por isso, temos o amor.

O amor vem por nada. Do nada. De nada.

ATÉ OS AMIGOS TÊM QUE MARCAR HORA

Amigos de meu pai apareciam em nossa casa na infância a qualquer momento. A campainha mal bocejava e trabalhava de novo. Nossos cães envelheceram histéricos.

Eu não previa se o almoço e a janta seriam para os cinco da família ou para quinze. A mãe subia nas tamancas com o improviso permanente e a dança das cadeiras. Mas logo se enredava numa conversa e deixava de sofrer com o assunto. Tinha que arrumar cardápio de emergência para atender um batalhão. Com freqüência, instruía algum filho a escapulir discretamente pelo portão de lado e passar no mercado.

Desde essa época, minha alma familiar tem vocação para hotel. Eu tomava atitude semelhante, gostava quando os colegas freqüentavam a minha residência. Com um pátio, uma garagem e uma bola, era o menino rico da escola pública. A aula iniciava às 13h30, o boleiro Iraji inventava de me esperar para ir à escola com tediosas duas horas de antecedência. Permanecia mudo no muro branco da esquina, com a mochila de lona no chão. Todo dia era igual: eu o reconhecia, convencia a mãe e o convidava para almoçar junto. Nunca veio direto. A senha dele era encostar-se na murada e confiar na possibilidade de ser visto. Não chamava atenção. Logo que o procurava, dissuadia de que já cumprira a refeição. Na mesa, por suas repetições e desembaraço de tigre, descobríamos que isso era uma mentira educada.

Não compreendo se a culpa é do celular, do e-mail, da socialização do telefone. O excesso de canais para se encontrar tem contribuído somente para provocar desencontros.

Perdemos a mística da casualidade. Amigos não batem à porta. Quando batem, sem anunciar o movimento, são indesejados.

Para uma visita, deve-se ligar e pedir autorização. O marido falará antes com a mulher. A mulher falará com o marido. Os filhos serão avisados. Descortina-se uma votação de condomínio às pressas. Só falta expedir mandado de segurança. Não há mais amizade, porém consultas. Tudo é agendado como um consultório. O final de semana é também uma agenda. Transformamos o sábado e o domingo numa extensão do nosso expediente.

Ai de quem surgir de repente apertando o interfone e interromper o sono, a janta e o jogo de futebol. "Como que não ligou?", reclamarão os anfitriões.

Ele será massacrado de indiretas ou provocará uma discussão de casal ou os residentes fingirão que não há ninguém. Usarão uma desculpa na ponta da língua para espantar a intimidade: reunião no início da manhã, viagem, doença.

Ai de quem desejar pedir ajuda e conselho, ai de quem contrai uma pontada súbita de desespero e parte com suas pernas ingênuas em direção ao endereço de um nome mais leal. Ai de quem depende dos olhos nos olhos de uma companhia para se ouvir melhor. Ai de quem sofre de um amor separado e de solidão no fim de semana e está prestes a se matar.

Antes os amigos ajudavam com os problemas, hoje os amigos são vistos como os problemas.

Por serem amigos, eles entenderão, assim acreditamos, e perdoamos nossa intolerância. Não nos permitimos interferências em nossos planos, roteiros e rotinas.

Antes os amigos corriam para dentro da família, hoje os amigos são corridos (o que sobrará aos inimigos?)

Temos mais comida na mesa. Bem mais. Nossa avareza está engordando.

POR ONDE NÃO OLHAMOS

Meu filho pequeno pegou a máquina fotográfica numa tarde. Avisou que seria rápido. Após aprender onde se apertava e que deveria tomar cuidado, saiu orgulhoso de seus cílios.

Havia esquecido disso até baixar minhas fotos no computador.

Apareceram dezenas de imagens totalmente estranhas. Os botões da máquina de lavar. A hora no DVD. Os olhos pintados do boneco da sala de jantar. Os documentos da gaveta. O cantil de pedra do pássaro no pátio. Suas roupas no armário. A argola do banheiro. O ralo. Os desenhos dos tapetes.

Nenhuma pessoa por inteiro, mas fragmentos, recortes de uma revista imaginária. Criança usa lupa nos dedos. Aumenta o que enxerga enquanto os adultos diminuem.

Não reconhecia o mundo porque ele estava deslocado de seu significado. E era o meu mundo, a minha casa, por onde seguidamente andava apressado, fumegando os sapatos para cumprir um destino. Vicente fotografou a casa com o ritual de um museu, passo a passo, parando nas esquinas, dando nome de ruas para as mesas e capturando o vento quando ainda tem pétalas.

A sensação é de que ele me abraçava devagar a partir dos objetos. Reunia a luz nos esconderijos.

Para meu filho, a casa não é funcional, é lúdica. Ele se detém em cada palavra, em vez de resolver as frases. Com os olhos baixos de prece, com os olhos levantando pouco a pouco.

Não queria dar sentido, queria dar atenção.

Não havia um ar de superioridade, e sim de entendimento, de paz com os seus movimentos.

Ele não seleciona o que é importante, porque torna importante o que escolhe. No amor, será que somos assim?

Eu apago o que é meu, pois já me pertence. Mas pertencer é ainda uma primeira etapa, tenho que me despertencer. Encontrar minha mulher em sua própria ausência, vê-la surgir de seus hábitos menores, reencontrá-la mesmo quando não preciso, chamá-la por engano para brincar com seu nome em minha língua. Não é isso que ansiamos? Ficar, pulsar onde há madeira e possibilidade de ritmo. Que eu seja permanente, que ela seja definitiva.

Será que não pensamos de um modo macro, início-fim? Será que é necessária a separação para entender as pequenezas que diminuem o frio, que tornam a casa casa, a família família?

A convivência aprofunda a observação, a ponto de desejar a lembrança mais do que lembrar.

Agarrar a aldrava com a suspeita de que sua mulher realizou o mesmo movimento nos dias anteriores. Agarrar o dia anterior de sua mulher mais do que a aldrava. Tocar a mão de sua mulher mais do que a aldrava. A aldrava é ontem, anteontem sempre.

Perceber que aquela porta da sala é sua mulher chegando com os pacotes do mercado e um grito faceiro que começa a noite. A noite só começa quando ela entra, mesmo que sejam 23h.

Não é mais uma porta, é um ouvido soletrando as escadas.

Meu filho desembrulhou as peças como se fossem de novo presentes. Inaugurou a antiguidade. Fotografou os chinelos cruzados no banheiro. Fotografou o jornal em cima da mesa. Fotografou as tomadas. Fotografou os aros amarelos de sua bicicleta. As cordas do violão da irmã. O fundo da bolsa.

E, por último, fotografou meus braços em torno dos braços de sua mãe durante a sesta. Um laço firme, um nó que não se desfaz acordando.

Ele descobriu de onde nasceu e deitou ao lado.

O MARIDO NOS FILHOS

Os filhos não desanimam o casamento. Eles nos ensinam novamente a casar. Sei que não é razoável o que estou afirmando. Razoável é sentenciar que os filhos tiram o tempo do namoro, interpelam a todo segundo por banalidades, brigam quando estamos lendo, atendendo ao telefone ou concentrados.

Razoável é concordar que não há com quem deixar as crianças em mais de uma noite para sair e os programas tornam-se mais caseiros, a falta de opção converte os incansáveis sedutores em amigos dorminhocos. O frio, um DVD, o cansaço do trabalho são desculpas para não tentar algo diferente e superar a escassez de assunto numa mesa de restaurante. O risco da separação aumenta porque o amor não é mais prioridade.

Mas não consigo confiar nessa hipótese. Os filhos estão nos oferecendo aulas de graça (força de expressão; trata-se de fiado, um dia eles cobram).

Vicente me prepara para ser um bom marido. Com seus seis anos. E sua timidez carismática.

Não dependo de muita concentração. É seguir seus gestos. Virar um mímico em minha casa. Um clown de suas pausas e feições.

Eu me preparei para assistir ao jogo do meu time no estádio. Fazia frio (6°), a noite ia alta e teria uma estrada pela frente. Convidei o Vicente, com a certeza de que aceitaria no ato, logo agradeceria e correria ao quarto para se fardar. Porém, ele me questionou:

— Que horas vou voltar?

— 1h, acho.

— Desculpa, pai. Mas vou pegar a mãe dormindo, e quero ver sua boniteza acordada.

Notei que ele roubou minha fala. Era a resposta perfeita de marido. A frase consagradora. Compensaria uma louça empilhada, uma toalha molhada na cama, um pote de xampu virado, divorciado da tampa, o azedume no almoço da sogra, a lâmpada que não troquei na área de serviço. O filho me substituía enxergando a minha demora. Se sua mãe não estivesse escutando, cometeria um plágio sem pudor.

Ao sair, enxergo o guri no quarto, com uma vozinha esquisita, abafada, de marionete. Intuí que estivesse brincando com seus bonecos, falando por eles, como criança gosta de fazer para povoar a solidão. Mas conversava com sua mãe. Interrompi.

— Que voz é essa, Vicente?

— Voz? A minha!

— Não, nunca usou essa voz comigo. É uma vozinha dodói, diferente.

— É a voz que uso com a mamãe. Tem uma voz para cada amor.

Espantei-me. Ele seqüestrou pela segunda vez a minha parte no roteiro. Descobri que utilizo a mesma voz com a minha mulher, e deveria ser outra, para ela não me confundir comigo mesmo.

MÃOS FRIAS

Elas são bonitas, macias e do tamanho de uma romã.

Mas são cadavéricas. Embaraço-me com as minhas mãos. Lilás, lilases, no momento em que a floração do bairro é rosada, gérbera.

Elas teimam em morrer semanalmente. Desde a escola, são gélidas. Os pêlos loiros não cobrem a pele.

Sou condenado a me explicar quando cumprimento alguém. E desisti de responder educado: "Mãos frias, coração quente". Cansei dessa justificativa infantil.

Até no verão. Em qualquer estação e temperatura, aqui e alhures, estarão frias. Já espantei conhecidos com meu tato. Renunciei a namoros pelas mãos. Extraviei amigos pelas mãos. Colegas arrepiando-se com rancor, expulsando-me com ranço, ralhando que não agüentavam a textura nevada.

Eu assombrava os cotovelos desavisados, os ombros distraídos, as palmas ingênuas.

Na aula, colocava as mãos debaixo das pernas. Para não tirá-las do lugar, folheava os livros soprando as páginas. Na rua, vivia com as mãos nos bolsos do casaco, algemado em segredo.

Tanto que abria o forro por dentro e destruía o muro de pano entre o lado esquerdo e o direito. Em casa, encostava as mãos no forno à lenha, voando parado como carvão.

Cobertores, edredons, luvas — a lã nunca me concluiu.

Nada aquecia as mãos. Minhas mãos esqueceram de nascer para salvar o corpo. Empurraram o corpo ao mundo, não conseguiram nadar e ficaram acenando da outra margem.

Enfrento constrangimentos na intimidade. Ao entrar na blusa da mulher, iniciar as carícias e esculpir o dorso, ela logo me afasta. Não paramos porque podemos ser vistos, porque ela não está pronta e não quer. Não é resultado do recato e do desânimo. São as mãos frias. Minhas mãos frias são contraceptivas. Ela me observa com censura: "Vá esquentar primeiro as mãos!"

A nudez em minha frente e a impaciência. A atmosfera totalmente interrompida. Ficava matutando: como esquentar as mãos sem tocá-la? Como chegar sem usar os braços?

Minhas mãos precisavam de preliminares antes das preliminares. Era patético friccionar, em separado, os dedos para tentar de novo.

Minha boca, ah minha boca, sempre teve que trabalhar em dobro.

TEMPO *A PERDER*

Pare um pouco, sem nada para fazer. E veja o medo que temos de não estar respondendo alguma coisa, alguma ordem, alguma urgência.

Pare um pouco, o mundo não vai nos demitir. A família não vai nos demitir. Os amigos não vão nos demitir. Só perderemos o que não somos.

O medo de ser esquecido nos afasta da própria solidão. Transformamos tudo em urgência. Então, não há mais urgência.

Há a imperiosa aparência de se manter ocupado e ativo. Ocupado é reagir cada vez mais rápido no trabalho, no amor, no repertório prosaico. Reagimos, não ponderando se é realmente uma opção, ou apenas uma seqüência. Desvalorizamos as escolhas ao igualá-las.

Não encontrava o carnê do IPTU previsto para pagar na terça. Sofro de azia com a mais remota inadimplência. O purgatório não morreu nos meus intestinos. Nem os juros me aquietam. A paranóia de ser cobrado e perder de repente a fama de honesto (só aqui mesmo a honestidade é fama, não hábito).

Limpei as gavetas do armário. A primeira e a segunda, explorei as reentrâncias de minhas bolsas, os bolsos dos casacos, empreendi uma faxina na despensa, convoquei a mulher a mexer em suas coisas, meu deus, já não importava achar a maldita prestação, eu amaldiçoava o tempo que estava perdendo ao procurá-la. Foram três horas e os nervos remoídos: deixei de ler livros, de escrever, de assistir a filmes, de passear.

Eu me cobrava — de um jeito patético — por não aproveitar meu domingo. Com dois dias de folga, recriminava-me ao desperdiçar parte deles durante a caça a um folheto horrível branco e preto quadriculado. Olha o ponto a que cheguei?

Criei uma oração para diminuir a ansiedade:

"Que bom que faço algo que não será lembrado.

As árvores ainda existem quando não estão florescendo.

Amém."

Lembrei de meu avô e sua religião de permanecer meio turno na garagem aplainando madeiras. Não buscava o reconhecimento pelo material de sua carpintaria, nem se preocupava com exposições. Quando gostava, colocava anonimamente um dos objetos na estante. Nunca assinou as peças. Ele sempre se atrasava para jantar, aparecia na terceira chamada, sentava e saía de novo para lavar as mãos. Ele perdia seu tempo? Ou de minha avó com seu tricô no sofá. Uma malha que daria para um dos netos, enovelada por meses em suas unhas de cera, com o rigor das basculantes se fechando a cada entardecer. Ela perdia seu tempo?

Duvido, eles pensavam seu tempo.

Ainda sentia dó deles, confundia aquilo com tristeza e abandono. De onde eu tirava esse pensamento?

Eles sofriam de solidão porque desfrutavam de solidão para sofrer. A solidão é admirável. A solidão é o caráter do homem. A solidão é a sua fidelidade ao corpo. Continuarei revirando meus papéis, até entender, depois da raiva, depois da minha limitação, que a quinta parcela do IPTU me devolveu o direito de estar em casa.

A CALIGRAFIA DE ALESSANDRA

Em restaurante de Belo Horizonte, não foram a comida e o doce que me arrebataram. Não foi a decoração charmosa. Os três ambientes. A estante de pães franceses. Os pratos. A cristaleira. O guardanapo dobrado como uma gravata de primeira comunhão. As cadeiras altas. A mesa envidraçada. O atendimento gentil e rápido.

Foi a letra do quadro-negro. A letra emendada, linda, que mostrava o cardápio do dia e as recomendações da cozinha. Uma letra desenhada, sem erro. Uma letra calçadão de praia, para caminhar várias vezes a mesma guarida. Uma letra que não enjoa, assim como olhar o mar.

Uma letra que nunca usaria para limpar a minha boca. Uma letra longa como uma echarpe. Letra com suspensórios, não cinto. Uma letra que me fazia ler quem escrevia e não o que estava escrito. Uma letra com alma de arrebentação.

Não havia como adiá-la, desviar o pescoço, pedir licença, avisar para a luz passar noutro dia. Era ofender o sol.

Entendo o remorso de quem é escalado para apagar aquela letra a cada madrugada. É muito pecado para digerir de pé.

Uma letra que acalma, esperançosa. Uma vida pela frente. Como os nomes postos em lençóis dos recém-casados. Como as iniciais nos aventais dos médicos e dos piás no jardim de infância. Como as guirlandas de Natal na porta. Como os desenhos feitos por crianças nas traseiras sujas dos automóveis.

Uma letra que tem as linhas nas próprias palavras. Uma letra que carrega quatro pratos ao mesmo tempo. Uma letra sem cacos de vidro no muro. Uma letra de convite de casamento. Uma letra que é uma boa notícia, alguém chegando. Uma letra que é uma escada de pano, os andares das palavras tocando suas arestas.

Eu, que tenho uma letra pavorosa, me redimi de toda pressa. Perante aquela letra, quis tentar de novo os cadernos de caligrafia. Quis conversar com as aves, os cachorros, os gatos. Entendia, entendia o que nunca pensei que fosse comigo. Quis conversar com os policiais nas portas das farmácias e dispensá-los do serviço. Quis me aventurar. Quis me inscrever em cursos de russo e mandarim. Mastigava as palavras com gosto e sequer conseguia repetir a voz.

Aquela letra me puxou de saudades das apresentações em turma na escola, das cartolinas que preparava com as fôrmas de metal. Fiquei com vontade de ser desmemoriado para reescrever o que vivi. Aquela letra me converteu. Aquela letra me folheou livros novos no rosto.

Saciados, eu e minha mulher cumprimentamos o chef.

Ele não entendeu quando prometemos voltar para rever a letra.

MENTIR A IDADE

Não é mais o caso de pintar os cabelos grisalhos de acaju, mascarar a barba com tinta preta. Não é mais o caso de implante e de plástica. Não é mais o caso de musculação e academia no finalzinho da tarde. Não é mais o caso de esconder os pneus em casacos de motoqueiro. Esses casos são compreensíveis. Uns patéticos, outros necessários.

Patético é pintar o cabelo de acaju, o mesmo que usar peruca. O homem faz tão malfeito que esquece das sobrancelhas. Se bem que pintar as sobrancelhas de acaju é usar duas vezes peruca. Um bicho-cabeludo não consegue ser discreto como a lagartixa.

Sempre envelhecemos, e vamos envelhecer mesmo que não tenhamos vontade.

O que tento falar é que o homem deu para mentir sua idade. Agora nada mais o separa das mulheres. Não é disfarçar, camuflar, dissimular, é mentir descaradamente.

As mulheres têm o direito de deslocar sua data de nascimento; elas são as idades que imaginam. Mas os homens, eles não desfrutam desse talento e são completos amadores. Nem sabem onde estão se metendo. Falta-lhes sutileza, preparo. Falta-lhes, acima de tudo, unidade.

Penso melhor, as mulheres decidiram não mentir mais a idade. Olhe ao redor. Agora são sensuais e altivas com 50, 60 e 70. Confessam abertamente onde e como nasceram. Ficam irresistíveis desprezando a cronologia. Está acontecendo uma inversão. Os homens começaram a mentir a idade, e as mulheres a não mentir mais.

Na minha adolescência, levantava a idade. Eu me promovia dois anos para entrar em boates e assistir a filmes pornôs. Para seduzir uma menina e dirigir. Para beber e me forçar adulto. Trocar a idade na adolescência é um rito de passagem.

Todas as situações em que falseava eram com o propósito de existir. Desde o princípio, quis ser mais velho (acho que exagerei; com 34, aparento com folga mais de 40).

Vamos ao local do crime. Numa balada, um amigo conversava com uma menina de 19 anos. Ele, com 45, falou que tinha 35 anos. Ouvi mal? Vontade de rir, o cinco no final era igual e podia ter me confundido. A sorte é que ela perguntou de novo, mostrando que, como eu, não acreditava.

Ele gritou: "35!" Juro que ouvi o bar inteiro se virar. Foi no intervalo de troca de música.

Uma década. Apagou uma década de sua vida sem nenhum remorso. Apagou sua ex, seu filho, sua promoção, sua viagem ao Chile, as roupas que usava naquela noite e o campeonato sênior que ganhamos no ano passado. Eu, portanto, nem o conhecia. Ele me apagou de sua vida também.

Estava adiantado e o larguei no balcão. Não iria pagar chope a estranho. Só irei conhecê-lo quando ele completar 38 anos.

Canalha!

A SINCERIDADE DO PÃO

Eu preciso do café da manhã para começar a relação. Mais do que um jantar romântico, velas tremulando, um vinho de boa cepa e um prato refinado.

Teria que acordar com ela antes mesmo de dormir. Não sei como se faz isso. Como convidar: encontro em minha casa às 8h? Vou esperá-la com frutas, croissants e frios? Ficaria esquisito, distante do roteiro básico: cinema/teatro/show, restaurante e motel.

Nada de levar o café para a cama. Mas levar a cama até o café. A mesa e seu jogo xadrez imbativelmente sem graça. As pernas procurando um consenso da neblina com os chinelos. A naturalidade de quem desperta, entre a cara lavada e o espírito engatinhando.

É no café da manhã, na dificuldade embaraçosa da luz sobre o rosto, que respiramos descompassados, que se começa a relação. Não quando estamos preparados para seduzir, decorados para sermos melhores, confessando à meia-luz o que há de mais precioso no passado para indicar o futuro. Ora, não tem graça.

Se o problema é o dia seguinte, vamos direto ao dia seguinte para depois procurar a noite. Vamos nos separar antes mesmo de casar. Vamos partilhar intimidade antes mesmo de terminar a estranheza.

Vivemos praticamente em duas freqüências: pressionar ou impressionar. Impressionar ou pressionar. Pressionar em casa e no trabalho, impressionar na rua e no lazer. Sacrificamos a naturalidade, que está no café da manhã.

Ninguém impressiona amanteigando um pão, ritual tão simples, presta atenção: é o pão bocejando. Usamos as palavras mais tolas no lugar das mais vistosas, as primeiras que acordam, que pouco expressam o que desejamos. Se bate a vontade de reclamar, reclamamos; se bate a vontade de silêncio, silenciamos. Nem projetamos o peito ou escondemos os vincos e as rugas. Ajeitamos os ombros no prato, com a perfeição acústica de uma roldana no poço.

No café da manhã, ela vai se espreguiçar. Parece que se estica para logo se contrair com gentileza.

Ao derramar o leite no prato da xícara, ela soltará o riso mais desprotegido que conhece. Um riso que é um pedido de desculpa e um agradecimento. Um riso que talvez lembre os recreios na escola, os aniversários de criança, os filhos no sofá.

E, quando ela sorrir, descobrirá que é possível cortar o mundo com o garfo, e dispensará a faca.

E quando ela baixar a cabeça, um pouco encabulada porque não pára de observá-la, descobrirá que pode comer o mundo com as mãos, e dispensará o garfo.

A timidez é sensual. O café da manhã com as alças do sutiã escapando das linhas da blusa. A franqueza do café da manhã, a fraqueza do café da manhã.

E não poderá mais mentir e dissimular dali por diante se ela ainda é mulher que abre o iogurte e lambe a tampa, para não desperdiçar nenhum resto daquela manhã.

NEM ALEGRE, NEM TRISTE

— Você está triste hoje?
— Não, estou bem.
— Mas você está pensativo, com olhar distante.
— É impressão.
— Não, eu o conheço. Você está triste hoje. O que foi?
— Nada, juro, estou normal. E você não me conhece tanto quanto eu.
— Viu? Já está mordendo!
— Não, é que fica repetindo a mesma coisa.
— Mas o seu normal é outro, mais confiante, mais alegre.
— É teimosia sua, tudo certo, nada de diferente.
— Não quer contar o que foi, entendo, mas você está triste hoje...

A conversa à toa influencia e, ao mesmo tempo, irrita. Quando não estou alegre não significa que estou triste. É da natureza da alegria ser passagem.

A amiga procura adivinhar o que não encontra. Atrás de um vestígio, cava o meu rosto, atravessando as rugas, a alergia do inverno e a barba mal-aparada.

Se não estava triste, eu fico triste. Permanecia apenas concentrado. Mas, de tanto ouvir a preocupação, entristeço. Duvido de mim no ato. Vou me espiar entre as unhas para ver se percebo carne firme para roer. Será que a paz é tristeza? A serenidade é tristeza? Ou porque há tristeza em observar longamente a paisagem sem se preocupar em voltar com as venezianas. Ou porque estava mesmo encabulado e não me permitia acreditar na mágoa.

Não sei qual é mágoa, mas fiquei triste. Sou agora um triste sem tristeza. Que triste parecer triste quando não se é. Não pretendo ser triste sem motivo. Largo a urgência do trabalho para tentar encontrar a dor mais próxima, e sofrer novamente por ela. Vigoroso, contraio os lábios para resgatar uma ofensa e uma indiferença da última semana. Num próximo encontro, terei, ao menos, um motivo.

Como é fácil se entristecer. Preste atenção. Não é só comigo que acontece, chegue para qualquer um e faça o interrogatório insistente. Dependendo do estado de espírito, o interlocutor — antes confiante e impassível — é capaz de chorar.

Somos tristes adormecidos, amansados, tristes prontos para delação. Quem não é triste relendo o jornal de ontem? Quem não é triste aguardando um ônibus? Esperando um trem? Com aquele olhar vaporoso de dia terminando. Quem não é triste com as mãos no bolso? Ou partindo cedo ao serviço, nadando na cerração, sem adivinhar se terá sol em seguida ou um toldo de nuvens negras?

A tristeza vem com a calma, é irmã da simplicidade. A tristeza vem com a sabedoria, é irmã da leitura.

A tristeza permite revisar as gavetas e entortar as golas. Recupera o que esquecemos de cuidar. A tristeza nos empurra a colocar datas nas fotografias, a alinhar em ordem crescente os amores extraviados, a revisar os canhotos dos cheques, a imaginar as alegrias que ainda não vieram. Nossa confiança não resiste a muitas perguntas. Nossa confiança está acostumada a rebater com um oi, tudo bem e tchau.

Somos tristes. Sempre tristes. Especialmente quem faz as perguntas.

NÃO ESQUEÇA O CASACO

Todo homem ajuda a despir a mulher, todo homem tem pressa pela nudez, todo homem é ansioso pelo sexo, pelo seio, pelo corpo aquecido; como é solícito o homem para tirar a blusa, tirar a saia, tirar.

Nem precisa pedir, ele já veio. Não se perde. Não se atrasa em seu próprio sangue.

Para despir, o homem faz tudo certo, tudo exato, tudo educado e incisivo, tudo preocupado e generoso, é capaz de conversar cada assunto até o fim, mesmo que não goste. É capaz de conversar calado. Se o homem amasse com a mesma vontade que tira as roupas da mulher.

Todo homem pretende se aventurar no declive, no recuo, na bondade do cheiro.

O homem nasceu para a recompensa, o sexo é sua recompensa, quer ser premiado pelo sexo, premido pelo sexo, não se duvidar pelo sexo, envaidecer-se pelo sexo. O homem acelera o zíper, desliza o pescoço como um fecho. Abre os braços em gola. Debrua a linha.

Do frio ao figo, do figo ao fogo, do fogo ao filho, sem retorno. Não tem certeza se vive ou morre, mas não deixa de avançar.

Desenrola a trama, destranca a porta, destrança as redes com cuidado noturno. Solta os cabelos dela: duplica-se na ternura.

Aprendemos a descolar o sutiã com o estalo de dois dedos, a puxar a calcinha com os pés, a beijar e soprar ao mesmo tempo, a dizer luxúria como se fosse simples, abafar a voz para gemer mais rápido. Fazemos no escuro, fazemos de olhos vendados, fazemos de costas, fazemos com os dentes.

Se necessário, somos facas, somos forcas, somos fracos.

Não subestime, somos exercitados a espiar com as unhas. Não há vestido que nos pregue peças. Não nos assusta o inverno e suas camadas de lã e suas camadas de segunda pele. Não nos incomoda o legging, as botas, os casacos com botões internos. Não pediremos explicações, não há mistérios que não sejam treinados. Enquanto beijamos, desvestimos. Enquanto passeamos, seguimos, obedientes, o novelo.

O homem é preparado para arrancar as roupas, para veranear no quarto. Para escutar o mar pelo vento das venezianas. O homem é a febre, o desejo infantil de ter logo, de ser logo, de não esperar o próximo assobio, o próximo ônibus, o próximo pensamento.

Natural e comum o homem que ajuda a despir a mulher. Raro é o homem que ajuda a mulher a se vestir depois.

A VOZ NÃO É A LETRA

Aconteceu em Caxias do Sul, mas poderia ter acontecido dentro de cada um de nós.

Orestes era ciumento e possessivo. A ponto de rilhar os dentes dormindo e culpar a mulher quando ele tinha um sonho traiçoeiro.

Ele embestou que sua mulher se insinuava para o vizinho, analisava qualquer gesto dela como um indício de infidelidade. Um bom-dia acompanhado de risinho já tumultuava a manhã e provocava brigas e desentendimentos:

"Vê se te comporta, mulher!"

Se o que dói no homem traído é ser o último a ser informado da traição, o que mais dói no homem que não foi traído é ser o primeiro a antever a traição.

Ele aparava o corno invisível, como quem cumpre a barba e corta o cabelo. Um ritual. Puxava muita raiva junto com a erva do chimarrão, que ficava mais amarga e tola. A bomba entupia de ódio. Fazia questão de abrir a janela lateral e espiar o vizinho circulando pelo tablado de madeira, a colocar os pelegos no sol.

Não trabalhava como antes, e passou a transar de olhos abertos para ver se ela fechava os olhos. Quando as pálpebras dela cansavam de prazer, ele a obrigava a levantar os olhos para observar que era ele, e não o vizinho. "Olha pra mim, olha pra mim!"

Dois meses e nenhuma prova colhida. Não adiantava chegar mais cedo do serviço e alternar horários para tomá-la em flagrante. Ela não tinha costas. Não gerava um sinal físico que consumasse o caso.

Tomado de amor ressentido, decidiu escrever cartas para sua mulher, fingindo que era o vizinho. Era uma maneira de acelerar a denúncia. Conhecido como bronco e objetivo, mudou sua fama na escrita. Colocou em letras garatujas tudo que impressionava em sua mulher: o nariz que lhe abria a boca, a cintura que nenhuma guitarra seria capaz de imitar, os pés pequenos e brancos que haviam nascido da neblina. Era outro quando escrevia, apaixonado e febril. Um outro que era ele mesmo, se soubesse falar e não se envergonhasse da emoção, desde que chorou a primeira vez para trabalhar na roça e apanhou do cinto paterno. A cicatriz no lombo ficara; a fivela de bronze do pai por toda a vida em sua carne, abrindo sua carne, nunca fechando a circunferência.

Foram cartas e cartas arremessadas debaixo da porta e que a mulher lia, sôfrega, trancada no banheiro.

Minha cigana, minha cigana, vamos viajar em teu corpo...

As cartas começavam assim, um pedido que era uma ordem. O homem sussurrava em sua letra. Gemia em sua letra. Tremia em sua letra, o que o deixava ainda mais viril.

Antes de enviar a última correspondência, que daria endereço para um encontro e que serviria para apanhar a mulher em plena contradição, ele estranhou o silêncio fúnebre da casa. O armário estava vazio, a mala xadrez não repousava sobre o armário, a cozinha sem alguns talheres de prata do enxoval. E um bilhete na gaveta da cômoda:

Não peço teu perdão, fugi com o vizinho porque ele me entende, não tente me procurar. Não volto mais.

Maridos, não importa o tanto quanto falem abertamente ou expressem o que sentem para suas mulheres. A voz não é a letra. Escrevam. Escrevam e assinem cartas de amor de sua própria casa. O vizinho pode ser você.

BANHEIRO MASCULINO

Os homens são grandes amigos desde que não tenha uma mulher envolvida.

Homens, quando desejam uma mulher, são capazes da mais crua peçonha. Podem romper uma amizade de décadas para seguir um amor. Ao trair o amigo com facilidade, não se pode esperar fidelidade deles com as mulheres.

A concorrência masculina é truculenta quando o negócio é arrebatar alguém, golpes baixos camuflados de camaradagem. O homem é direto para amar e odiar, e não consegue nem se conter e esperar para falar pelas costas: fala mal do amigo em sua frente para adquirir terreno e influência.

Quando o homem é fofoqueiro, nunca traz boas notícias. Ele é a má notícia.

Há muito observo essa espécie híbrida, que se desculpa com a discórdia. Amigos preguiçosos, onde sua sedução consiste em destruir a do colega. São fáceis de serem encontrados. Deve haver algum aí babando na balada, ou no bar, ou na universidade. Eles se infiltram em grupo, nunca sairão sozinhos para beber e dançar. Não têm coragem de serem avaliados. Fingem cumplicidade para justificar suas presenças. Estão atentos e vigilantes, não falam praticamente nada, mas, quando arreganham os beiços, é para desarmar a conversa de quem se esforçava para se aproximar de uma mulher. Eles não têm a capacidade de articular idéias, superar a timidez e se apresentar ao combate. Permanecem na valas de seus ombros jogando terra. São os invejosos das conquistas de seus amigos. Os ácaros dos copos de cerveja.

Amaldiçoado pela perda da companhia, por estar isolado subitamente em sua mesinha, chega perto da menina sendo paquerada pelo amigo no balcão, dá um leve tapa nas costas (duvide de quem dá impunemente tapinhas nas costas!) e solta o veneno: — Ele falava isso para todas.

A menina que estava rindo, feliz com a iniciativa e o papo, logo congela com a hipótese do interlocutor ser mulherengo e repetir procedimentos anteriores. Das duas uma, o homem encerra a conversa ou aceita que tudo será mais problemático após a perda do encanto. Porque uma mulher não tolera um homem que use a mesma conversa — essa é a maldade do comentário. Até suporta, caso não tenha conhecimento.

Ao invés de entusiasmar o colega, a frase disfarçada de brincadeira o empurra para o descrédito. Ao julgamento.

O homem não vai ajudar um outro homem a conquistar, só mesmo se for sua irmã encalhada.

Por que o homem não levanta com seu amigo para ir ao banheiro comentar sobre os rumos da noite? Não, não é para afirmar sua virilidade. Ele quer que o outro vá por cobiça, pretende se livrar do seu concorrente para ficar com o mundo somente para si.

VIVER DE MENTIRAS OU VIVER NUMA MENTIRA?

Ela ressuscitava lembranças, gargalhava horrores com suas amigas, bebia e não deixava a voz descansar no guardanapo. O telefone tocou. Era seu marido. Buscava saber como ela estava.

Por uns minutos, trocou o timbre para uma escala preocupada e grave:

"Aqui está horrível, o vinho é ruim, estou com dor de cabeça, só preciso encontrar um jeito de sair educadamente."

E desligou, com beijos e não se preocupe. Voltou a se animar como se nada tivesse acontecido.

Ao seu lado, efusivamente indiscreto, não absorvi a confissão, destoava do que enxergava. A jovem lépida e incontrolável, propondo brincadeiras e teimando para que a noite fosse uma criança em seu seio, de repente afirmava que nada prestava. Dupla personalidade?

Não, ela explicou: "Se eu conto para o meu marido que estou feliz e me divertindo, ele pensará bobagem e ficará doendo de inveja."

Sou infelizmente igual. Maldição viril. O homem não agüenta que sua mulher seja feliz sem ele por perto (a mulher também, mas em menor grau). Botou um marca-passo no coração e exige exclusividade secreta e informal. É possessivo, mesmo que finja que é despreocupado. Em sua imaginação, há demônios jogando carniça. Não suporta que ela tenha passado, muito menos suporta que tenha futuro solitariamente.

Isso afeta diretamente sua independência. Ele raciocina de um modo distorcido e infeliz: se sua mulher descobrir que é mais alegre na rua, fará uma varredura na relação e perceberá que vem perdendo tempo, encalhada em casa e no estado civil.

Não dormirá ao constatar que sua mulher é mais plena ao voltar do que ao sair. Tem a noção de que unicamente a alegria é capaz de separá-los. A alegria separa mais do que a tristeza, porque a tristeza reúne e a alegria dispersa. Casais atravessando uma crise financeira, atravessando a morte de um familiar, atravessando uma briga na Justiça, atravessando críticas tendem a se fortalecer.

O homem morre de medo da comparação, teme que ela descubra novos gostos, novos olhares, em outras esferas e gentilezas. Ele escolhe a retranca para manter o resultado. Perde o jogo por excesso de cautela.

O homem tem a síndrome passiva do corno. Todo homem sozinho dentro de si é corno, filho mimado de sua insegurança. É corneado pelos seus próprios pensamentos.

O homem não confia em si, por isso não confia em sua mulher.

Talvez seja uma explicação para que os casais percam seus amigos de solteiro. Seus amigos de infância. Aceitam assinar um contrato de cessão de direitos autorais e desistem de conviver em nome do que julgam ser destino, mas é apenas acomodação paranóica.

O amor é uma ameaça, porque depende de um nível de desprendimento que se aproxima da fé e não pode escorregar na indiferença. O amor não aceita amadores.

TOMADA DE CONSCIÊNCIA

O inverno havia virado uma saudade, não descia os blusões do terceiro andar do armário para as estantes próximas, até que viajei ao interior do estado e ouvi novamente os estalos mais finos e insignificantes dos meus ossos. Temperatura de 0°, espera em rodoviárias bruxuleantes e a necessidade de puxar conversa com estranhos, como uma forma de fogo para recuperar a cor. Respirar, rezar.

Matei a vontade de observar o potreiro estrelado do céu. Que prazer olhar o céu antes de dormir. É um lucro morar em Tapera, Passo Fundo, São Borja e ter aquelas lanternas chinesas para nunca menosprezar o destino de uma rua. Aqueles estrelas estão tão perto, que poderiam me dizer onde fica determinada praça.

E o que me consola quando cristalizo os pés na geada é seguir o rosto das mulheres. São mais sensuais do que se estivessem núas. Não estou defendendo teses muçulmanas, mas os seios e as curvas já estão em seus rostos vibrando. E, me explica, como não sucumbir a uma mulher mordendo os lábios? As mulheres no inverno mordem os lábios com mais freqüência.

Sim, é a boca seca, sei a explicação, não decifro o mistério. A mordiscada no lábio inferior é uma pressão na medida certa, um dobrar de joelhos da face, que desvia qualquer pensamento ao quarto. Limpar o canto da boca com a língua não chega perto de uma mordida secreta. Uma mordida em si que as mulheres fazem, uma mordida de seu próprio gosto. É como uma fruta se mordendo inteira, se provando depois do sol.

O frio invernoso de outono me fez recuperar o sentido de cozinha. O sentido de família. Não que eu tenha perdido, mas ele voltou com uma generosidade a ligar os fios de meus cabelos.

Puxar uma cadeira de vime e prosear ao redor do fogão a lenha. Como eu me esqueci disso? Você não notou que ninguém mente diante do fogo? As conversas são verdadeiras entre o nó de pinho e a chama. Não se quer ir dormir cedo. Fala-se com uma pausa de vinho. Uma pausa de contador de histórias.

Como é fundamental para uma família permanecer inteira, que almoce e jante junto, um olhando o outro, um respeitando o lugar do outro ("aqui senta meu pai, aqui senta minha mãe"), narrando seus dias, seus problemas e irritações. Cada assento, uma promessa da voz.

A casa de madeira da nona ressurge intacta nas cidades pequenas. Não foi vendida às pressas, não foi desmembrada pela gula de seus parentes. Existe sempre um chapéu de feltro enorme, agarrado a um prego, como uma mancha de azeite que vai crescendo. O chapéu é imensamente vivo, tanto que produz sombra de lustre. Perto dele, uma fotografia antiga, uma caixinha enferrujada, um Deus pintado, um armário com a maçaneta quebrada.

Reparo que escondemos a eletricidade. Em nossas residências e apartamentos urbanos, as tomadas não podem aparecer.

Ficam no rodapé do chão, intrusas e insensíveis. Fios e fios nos cantos para não denunciar sua origem.

No interior, as casas têm tomadas no centro das paredes. No meio. E não são feias, não são grotescas; são sinceras. Fáceis de encontrar. Como deveria ser a vida quando precisamos escutar o próprio corpo. Seus longos silêncios e curtos tremores. Seu inverno.

EU ESPERO A CHUVA NO ALTAR

Não precisa ser poeta para fazer poesia.

A poesia não pergunta sua ocupação, ela pousa.

Estava na casa do meu cunhado, Gérson, quando o vejo xingar seus filhos Natasha e Lucas, que não paravam a mútua provocação. Aguardava um corretivo fúnebre, uma imprecação de trânsito, um palavrão gordo e ruidoso.

Mas que nada, que elegância para desaforar. Não ardia a ofensa. Não foi aquele pp, fm, m. Foi como uma música de Dorival Caymmi, mais plágio do mar do que coisa do homem. Ele disparou: Vai dormir pra chover.

Ouviram isso? *Vai dormir pra chover*. Essa foi a repreenda, a terrível repreenda que saiu de sua voz. Eu ouvi e pedi para ser insultado também.

Troque um desaforo por um poema. A boca não ficará mais perfumada, mas a terra sim.

Uma combinação mágica: quem não deseja dormir com chuva? Chuva e telhado, chuva e paz, chuva e meio-fio, chuva e janela, chuva e lençol limpo. Afinal, quantas madrugadas eu fui descansar esperando que a água lá fora alisasse minha testa e sufocasse a sirene do despertador com suas elegias de limo?

Dormir pra chover. Dormir para ver se a chuva chega logo. Aguardar a chuva no altar. Casar-se com a chuva e seu toldo de neblina. Eu quero dormir pra chover, como Manuel Bandeira gritava pela Estrela da Manhã. Deixar que um lago se acumule nos vasos, que os chapéus fiquem murchos, que as plantas se estiquem em exercícios aeróbicos.

Dormir pra chover. Assim como meus filhos falam boa-noite quando vou cochilar de tarde no final de semana. Nem estão aí para o horário, estão preocupados em ser fiéis com o escuro que toma o quarto e a respiração dos pais. Dormir e pescar meus pecados, dormir e se arrepender.

A chuva é quando me confesso. Nunca poderei me salvar num dia de sol, numa manhã esquartejada de azul. Como pedir desculpa com a luz me empurrando para a rua? A redenção surge com a chuva, os relâmpagos montando pandorgas nos morros. A chuva me transporta para casa, para as gavetas, para o abajur. Aos lugares mansos de mim. A chuva, e lá vão os olhos a nadar ida e volta. Ida e volta. Ida.

QUERIDO SÉRGIO "PREGO" FISCHER

Não consigo me livrar de sua morte. Eu tomo banho, e ela continua me rondando. Eu escovo os dentes, e ela resiste, um cabide onde ponho o casaco na entrada e saída das minhas conversas.

Eu faço amor, eu dou aula, e ela permanece inteira, vigilante. Já cumprimentei sua morte e ela não mudou de posição. Já chorei, já rezei, e ela não vai embora. Decidiu ficar comigo, sua morte, tenho que me acostumar. Assim como você se acostumou a andar de bengala em função da poliomielite da infância.

Sua morte não me pede nada, nem um prato de comida, não emite um som. Incomoda quem nos olha sem falar. Sou capaz de dar tudo para que ela fale alguma coisa.

Não, longe de ofender sua morte, sua morte não me suja, não me incomoda; ela me desequilibra. Eu fico desnorteado. Estou sem saber onde é o meu lugar e não descobri a pergunta a fazer para retomar o esquadro. Sua morte não mudou a cidade, Porto Alegre continua como estava, o cais brincando em ressuscitar dinossauros, as ladeiras esperando a sombra como uma puta, a luz verde do outono. Como a luz é injusta sem seus cabelos crespos!

Sua morte mudou meu jeito de enxergar Porto Alegre.

Não era grande amigo seu, talvez um conhecido amigo, mais amigo de seu irmão, Luís Augusto.

Vontade de me desculpar por estar escrevendo sobre você; não tinha esse direito. Sua morte não me torna importante, nem sublinhará o que passamos juntos. Mas sua morte me transforma repentinamente em seu familiar. A morte tem disso: de aproximar telepaticamente quem se viu uma ou duas vezes. A morte é a intimidade que deveríamos ter criado em vida.

Fizemos palestras juntos, você me convidou para falar de poesia no cursinho Anglo, li seus sonetos e ensaios, conheci seu filho de fotografia, nos encontramos em vestibulares. Somaremos umas quatorze horas lado a lado e alguns silêncios involuntários.

O que me assusta (de ternura) em sua morte é que você está nela rindo. Não me lembro de seu rosto tomado de severidade. Não o vi sofrendo — o câncer não derrubou sua vontade de levantar o pescoço.

Meu primeiro impulso é tomar da morte seus caninos de volta. Denunciar o furto. Ela poderia ter deixado o riso embrulhado numa gaveta. Não necessitava mexer na gargalhada que demorou 42 anos para soar límpida e segura.

Ah, sua morte é como a blusa de crochê. Daquelas feitas pela avó em nossa cor preferida. Puxo um fio e ele não termina de se esconder novamente no conjunto. Fio ardiloso, fio caseiro, frio para dentro.

Começo a falar de sua morte e me bate uma urgência. Vontade de proteger meus filhos, de ser mais domingo quando chego do trabalho. Você morre e eu me apresso a existir. Sinto-me egoísta, porque sua morte me faz pensar em mim e assim esquecê-lo. Eu me defendo da minha morte em sua morte.

Você não podia morrer. Quanta orfandade em seu apartamento. Onde ficarão teus óculos, quem sofrerá do mesmo grau de miopia para empunhá-lo? E o time de botão? E os bilhetes em letra maiúscula? E a lista de chamada? E as chaves que brincavam nos bolsos da calça?

Seu filhote, Alfredo, de 1 ano, terá que perguntar muito sobre você. Deixará espaço entre os ossos dos ombros para o livre trânsito de seu braço. Descobrirá como dividir as sílabas recordando seu soluço. Ele nunca esquecerá que sua barba o arranhava. Nunca. Você será uma premonição na hora triste e uma lembrança na hora alegre. Você não será um pai ausente, mas uma ausência paternal. Uma ausência abrasada, eu lhe garanto, querido Prego. Uma ausência que cuida. Uma ausência que entusiasma. Uma ausência que freqüentará seus sonhos com a pontualidade de quem o espera na escola. E, acima de tudo, seu filho não precisará inventá-lo. Você fez sua parte no amor.

Com todo afeto,
Fabrício

UM QUARTINHO PARA NÃO-SER

Projetei o apartamento para a utilização total do espaço, até porque as casas hoje em dia são bem mais limitadas. Ansiei ocupar cada peça com personalidade. Não deixar nada sem a assinatura de meus pés. Idealizava uma sala com folga, um quarto com trânsito para os chinelos, uma cozinha para girar os braços, um terraço com árvores para descansar e boiar de costas pela luz da cidade.

Depois da construção mobiliada, organizada e limpa, quando deveria respirar o alívio e deitar as chaves na gaveta, constatei que cometi um grande equívoco: onde coloco o que não preciso?

Meus avós tinham um porão, ou uma água-furtada, como extensão da residência, para depositar os restos e as tralhas. Meus pais tinham uma garagem a destinar o material que não estava sendo usado ou os objetos de mudança que não combinavam com a nova disposição dos móveis. E eu?

Minha ambição esqueceu da essência do ordinário, não posso ser perfeito, dependo de uma peça como um baú para conservar o que fui ou o que não estará à mostra. Nem tudo pode ser visível. O que faço com a rede, com a piscina de plástico, com a bicicleta do filho, com os azulejos adicionais, caso quebre algum da varanda ou do banheiro, com o montante de revistas, com o quadro-negro que ensinei minha filha a ler, com os chapéus de palha, com os halteres, que esperam dias de maior disposição, com as cadeiras verdes, que destoam do conjunto vermelho e ouro, com a caixa de ferramentas? Não posso pôr em nenhum aposento, que quebra a coerência, a sincronia e o alinhamento.

Na mania de tornar tudo casa, proibi-me de ter memória. E de conservar a memória de outras casas. Obrigado a colocar fora o que não queria jogar fora, o que não me servia momentaneamente, mas que guardava um valor sentimental, de cuidado com o passado e respeito com o que vivi.

Necessitava urgentemente de um quartinho para não-ser. Um quartinho da inexistência — todos deveriam contar com um, para manter seus segredos. Um quartinho para trabucos, objetos quebrados, mesas lascadas, amores excomungados.

Um quartinho, de preferência, fechado, inacessível, a aumentar o suspense e o mistério diante dos filhos e da mulher.

Um quartinho sem nenhuma atualidade. Sem nenhuma pressa. Um quartinho para a insônia (não para dormir). Um quartinho com meus defeitos e obsessões, com os selos antigos de minhas unhas. Um quartinho de minhas taras, dos pensamentos vulgares e infames. Um quartinho mortiço, como noite nublada. Um quartinho de escurecer coisas. Sem ele, apago também a possibilidade prazerosa de reencontrá-las e rezar evocações. Um quartinho de empregada que havia nos apartamentos, mas que foram transformados injustamente em escritório pela síndrome de ocupar os corredores e utilizar completamente os olhos.

ELEGÂNCIA

Logo após o almoço e a janta, demonstro o fastio sem querer.

Soletro: comi demais.

Não agüento ficar na mesa, herança de meu avô materno, com os sinais da batalha, os pratos sujos e os talheres cansados. Além do cinto, é como se houvesse o elo de um suspensório entre a toalha e a roupa sobrecarregando a cintura. A vontade é gritar e me expulsar. As mãos que delicadamente empunhavam o arroz perdem a sutileza do biombo dos dedos. Largo a conversa, viro anti-social em segundos. Patas e guardanapo. Levanto-me para respirar o cheiro do café. Ou procurar um jeito de acomodar a respiração.

No momento de parar, é natural confessar que está satisfeito ou gemer e exclamar adjetivos pausados. Comigo é diferente, a comida pode ser a predileta, o grau de encantamento não muda o final, repito que comi demais.

O amigo Marçal Aquino mostrou-me sua elegância de eremita. Eremita não é o solitário, é aquele que sabe o seu lugar e o leva para todo outro. Talvez nem tenha reparado.

Quando saciado, ele não afasta repentinamente a bandeja, não mostra sinais de horror e fartura. Não apela ao estertor de baleia na areia. Não é agressivo por ter cumprido seus desejos e não saber o que fazer com a lembrança da vontade.

Ele recusa qualquer novo prato com "Estou feliz".

Dei-me conta de que não comunico que estou feliz, em nenhuma situação. Porque imaginava que a felicidade não se verbalizava. Felicidade se via na cara, no gesto largo, no abraço removedor de rugas do chão.

Declarar-se é uma sabedoria inútil, como arrumar a verticalidade das flores num vaso. Mas essa inutilidade heróica é que afasta o remorso. Dissipa o arrependimento de não ter sido claro, óbvio, pontual.

Falar quando não se precisa para precisar do que se fala. Ir ao cinema e olhar para o filho com estou feliz. Transar e debruçar o corpo na diagonal da cama, e estou feliz. Ler um livro, ouvir um amigo, e estou feliz. Observar a mãe e o pai repetindo a história de seu dia, e estou feliz.

Minha vida ruidosa como uma igreja. Que cada "estou feliz" seja o equivalente a "aleluia, irmão!". Aleluia!

CUSPE

Com o casamento, perdi a chance de cuspir.

A liberdade de cuspir. A irreverência de cuspir.

Não sei se você está entendendo: cuspir na rua. Perdi. Casamento custa caro e alguns sacrifícios.

Ainda no cortejo do relacionamento, em que se abre o guarda-chuva e a porta, minha mulher foi decisiva numa frase:

— Não tolero homens que cospem na rua.

Não fez nenhuma outra restrição, exclusivamente essa, o que aumentou a gravidade da censura. Não entendi como um pedido. Não entendi como uma observação descompromissada, nada é dito no início do namoro para que seja esquecido, não foi sequer uma advertência, entendi como uma sentença. Era assim ou nada.

Eu me encolhi, avisei que também não agüentava essa porquice: onde já se viu cuspir na rua? Nunca faria isso! Ela sorriu satisfeita, baixando lentamente a cabeça. Ela sempre abaixa a cabeça quando ri, como a colocar o riso devagarinho no chão. Seu riso é um presente delicado.

Há mais de uma década que não cuspo publicamente. Nem de lado. Nem escondido no bosque ou sozinho. Na minha infância, cuspir era obrigação viril. Havia até escarradeiras para facilitar o hábito. Cuspir tinha uma ideologia, uma convicção. Respondia a uma sina ingênua e controlável. Cuspir o fumo. Cuspir a gripe. Cuspir a mentira. Cuspir o bagaço da fruta. Cuspir a grama. Cuspir a distância com os meninos.

Cuspir era uma arte do arremesso, da hombridade rural. Sem treinar, não adiantava se expor. Não podia pagar a prenda da baba ficar presa na boca no momento de um duelo. Seria ridiculamente inofensivo.

Cuspir como um cão late. Cuspir por determinação de se misturar ao ar ou à chuva, de pregar a voz no nevoeiro e na relva. Cuspir para antecipar os passos, já que o corpo sempre foi muito lento. Cuspir para avisar que havia chegado ou que estava por chegar. Cuspir quando se fala com amor ou raiva.

Sinto que estou me renegando, espumando contido. Eu me reprimo na doença e na saúde. Eu me enciúmo com doentes cuspindo a luz pela janela. Eu me enciúmo ao assistir jogos de futebol. Não suporto mais ver os jogadores cuspindo aleatoriamente, com ou sem água. Um chafariz dos lábios deles, sem nenhuma reprimenda feminina e nojo. Um cuspe espontâneo de corrida e bafejo. Cuspe de homem, imperioso, sem premeditar.

Eu não cuspo mais. Engulo a saliva. Não posso cuspir numa promessa.

O que me consola é que meu filho, do terraço, já está regando a procissão dos telhados.

FALTA DE CRIATIVIDADE

A noite de amigo secreto costuma ser melancólica. Você gastou uma pequena fortuna para agradar o chefe; afinal, nunca entende como tira logo o nome do chefe no sorteio, e recebe de presente um sabonete ou um CD brega ou uma caixinha de lápis.

Arrumar uma careta para agradecer é a parte mais árdua. Um pouco de cinismo ajuda os traços:

"*Eu estava namorando na vitrine!*" (o produto deve ter sido resgatado de uma caixa de saldos)

"*Que sorte!*" (não participo mais desse jogo)

"*Como pode ler meus pensamentos!*" (se lesse, nem teria ficado para me cumprimentar)

Casar é viver num permanente amigo secreto. Invente de comprar um presente. O risco de errar é assustador. Tente adquirir lingerie, faça o absurdo de botar em cima de seu corpo para desespero cômico das atendentes. Depois do banho, a sacolinha. O número errado provoca o caos A presenteada logo vai disparar: "Dez anos comigo e você não me conhece!"

A média não foi tão ruim: você teve 50% de aproveitamento: acertou a calcinha e tropeçou no sutiã. Pensava que um deveria regrar o outro. Que nada, são números diferentes. Descobriu no exato momento em que entregou. O desempenho não foi o suficiente para se classificar para as finais. Ela dormirá bem vestida de abrigo.

O que era para ser uma celebração transforma-se numa disputa de argumentos. A vergonha é que ela vai até a loja trocar. As atendentes saberão no dia seguinte que você não conhece as medidas de sua própria mulher. Em sua próxima vida, trate de procurar uma loja diferente, esqueça aquela.

Ela não troca apenas o número, mas toda a peça. É uma nova peça. Reparando na mudança absoluta, ela amenizará: "Não tinha mais do meu tamanho."

Quem dá e quem recebe aguarda reconhecimento. Nem sempre vem.

A frustração pode ser de ambos os lados. O presente é para ser uma surpresa simbólica. Na maioria das vezes, é só simbólica. Desejamos ganhar aquilo que cobiçamos ou precisamos. Ninguém tem a obrigação de exercer a confluência. Queremos o nosso gosto confirmado, mas um presente é o gosto do outro, ou o que o outro julgava o nosso gosto. Não é para ser a tábua de salvação, e sim uma maneira de avisar que pensamos na pessoa. Não é para agradar, e sim para perdurar o laço.

Cometi a gafe de comprar o mesmo presente nas últimas viagens para a minha mulher. Antes de ser condenado por unanimidade de votos, uma ressalva, sou obsessivo: há minha fase de bolsas, de sapatos, de acessórios, de blusas. Pois estava na época dos colares.

Canalha! 257

Dei três colares seguidos para ela. Ela suportou os dois primeiros. No terceiro, explodiu.

A reação inicial:

— Por que recebo colares sem brincos? (Não havia pensando nisso... Tem razão.)

Procuro dissuadir e sondar se ela ao menos está satisfeita com a peça.

— Marrom de novo? (Não havia pensado nisso... Tem razão.)

Procuro observar se sobrará alguma alegria da entrega.

— De bolas? Parece que comprou para a sua mãe... Vou dar de presente a ela.

Matou de vez minhas possibilidades de festa. Colocar mãe na jogada é destruir a reputação e reavivar o complexo que julgava resolvido.

Não observamos que, ao atingir um afinado grau de intimidade, o deboche aparece com mais freqüência. O deboche é anular a reação, ridicularizar a tentativa e estragar o romantismo. Não recomendo aos casais com histórico de alfinetadas.

No meu caso, foi usado com sabedoria. Ou o deboche ou ela receberia um quarto colar.

EXECUÇÃO SUMÁRIA

Você não a ama. Mas ela o ama.

Ela vai acusá-lo com ou sem motivo, você passará o resto dos dias se defendendo.

Amar é um indiciamento. Você se torna suspeito por toda a vida.

Você pode humilhar a mulher que o ama. Pode desaforá-la publicamente, encontrar as coisas mais indelicadas para resmungar. Ela confundirá sua resistência com medo. Ela não compreenderá que você não o quer, nenhuma mulher compreende, nem no inferno, nem no apocalipse.

Ela dobrará seus esforços para convencê-lo. Ficará ainda mais encantada com a dificuldade.

Você pode zombar dela, rir dela, utilizar o escárnio. Ela ainda se manterá inabalável pelo amor. Mandará recados, ligará ao celular, enviará flores. Você odeia submissão, mas ela não está mais pensando se está certo ou errado, está processando-o de amor.

Quem ama não repara o jeito que ama. Não se conscientizará de que é uma chata, uma filhadaputa, uma suicida, uma inconveniente. O amor a torna nobre. Ela se vê uma aristocrata do amor, porque acredita que o amor redime os erros e os exageros, que o amor justifica o ímpeto e a indignação, que o amor lava as escadarias do passado.

Você poderá avisá-la de que não terá chances, que não suporta imaginá-la junto de seu corpo. Ela fechará os ouvidos. Em todos os porres, lembrará de seu nome, irá até sua casa silenciosamente fazer sentinela. Com uma mulher apaixonada por perto, você não precisa de zelador, de guarda de rua, de guarda-chuva. Ela estará contando seus passos. É o seu leão-de-chácara de graça.

Você poderá mudar de estratégia, não revidar com violência suas investidas. Com calma e senso, mostrará uma série de razões para se afastar. Ela entenderá de modo distorcido, que está aceitando finalmente o amor. Colocará palavras em sua boca já que não consegue sua boca. Você declara que deseja a amizade. Ela responde que já é um começo. Armado ou indefeso, qualquer atitude não surtirá efeito, ela não aceita ser recusada.

O amor condena.

NÃO QUERO MAIS SUA DESCULPA

Orgulhoso não é o que não deseja pedir desculpa.
É o que exige desculpa.
Eu peço desculpas com facilidade, aliás, antecipo desculpas do que ainda não fiz. Posso me desculpar pelos outros, para não perder o hábito. Choro os enfermos para não chorar os mortos.

Por me ver em excesso, nunca compreendi minha mulher. Assim, definitivo: nunca. Quando ela erra, eu a cobro como uma criança pela palavra mágica. Deixo de ser o marido para me tornar um pai, indeciso com qual castigo tomar. Um pai que educa pela severidade e esquece que erra tanto quanto, que não está um passo acima e nem um degrau abaixo.

Nos conflitos intermináveis, diante do suicídio dos copos de geléia, ela chora, esperneia, grita, sacode os cílios das onze-horas na janela, e não a consolo até ouvir suas desculpas. Maldita obrigação de se desculpar. Uma maldade ambiciosa de ver quem você ama sofrer e se ajoelhar com os dentes.

Nem é o "desculpe, errei", eu pretendo ouvir o "desculpe, está certo". Nada mudará com essa ignição verbal. O carro não partirá.

Eu a forço a se desculpar e a dizer que não fará mais. Porém, sei que ela fará. Ela pede desculpas somente para sair daquele elevador claustrofóbico da linguagem, não por acreditar naquilo que falou. Eu a ameaço, não demonstro vontade de entender seu temperamento, feito mais de atitudes do que de conclusões.

Ninguém se sentirá bem e aliviado após a súplica. Ambos estão derrotados. Eu porque coagi, ela por responder coagida. Alguma coisa será enterrada, mas não deixará de existir para as mãos.

Não interessa que ela tenha concordado comigo, que esteja a fim de uma conversa franca, que já tenha retirado a defesa. Não canso de brigar até que ela se dê por vencida. Eu quero a desculpa, não a sua compreensão. Eu imponho a desculpa, quando a desculpa é apenas um cumprimento.

A intolerância vem de mim, que não entende que a desculpa pode ser uma mudança tênue de comportamento, um abraço amansado com o rosto no ombro, a troca de assunto.

A desculpa não resolve, não remove a lembrança, não elimina a ansiedade. É o ponto final de uma frase, não do livro.

Agora não pedirei desculpas a ela. Para finalmente me perdoar.

A TORCIDA DOS BAGACEIROS

A mulher odeia ser chamada de "gostosa" na rua, a incontinência verbal do sinal, ser alvo de olhares atrevidos e maliciosos, certo?

Errado. A mulher não irá se envolver com nenhum desses homens, manterá distância, não aceitará sequer a conclusão do convite, mas qualquer chamado sonoro de um estranho a fará recuperar a estima e se sentir bem mais magra do que um pão de sanduíche.

Há homens que estão trabalhando secretamente para os namorados e maridos. Os bagaceiros renovam o sentido erótico adormecido pela bolsa no ombro e pela pressa ao trabalho. Fazem suar as mais incrédulas, borrifam de sensualidade as mais céticas, frígidas e pessimistas. Interrompem o Juízo Final, anulam o fim do casamento, resolvem dívidas e tranqüilizam a nudez.

Até supõem que têm alguma chance, mas não estão seduzindo; estão uivando. O jorro escandaloso de suas gargantas não motiva o respeito. Inofensivos, tal animadores em festa de criança. Não serão lembrados, mais um pássaro a cantar no meio de uma migração.

Entretanto, o efeito de seus apelos indecentes reconduzirá a mulher a reavivar o espelho e se reconciliar com a lycra.

"Ô, gostosa" tem o mesmo resultado de um ácido glicólico.

"Tesuda" penetra a pele como retinol.

Os desaforos de rua são cremes caros e instantâneos. Recuperam cinco anos em questão de dez segundos. O que são as plásticas perto de um elogio safado?

Beleza não é beleza sem antes receber a condecoração do trânsito.

Quando abordadas, as mulheres aceleram o passo e atrasam os ouvidos. Lançam o corpo para a frente e a audição para trás, a capturar o chamado lânguido pelas suas curvas. Sustentam o avanço por discrição. Enrolam que não ouviram. A situação é esta: não podem parar, querem e não podem; seria corresponder à grosseria. Resta reconstituir a soma das letras seguindo adiante.

Os bagaceiros teriam grandes chances de vencer concursos de soletração.

"Que bun-da."

Abrem a boca ao vento com a submissão de um consultório odontológico. Gritam sem esconder o rosto e a identidade.

São terroristas do corpo. Camicases que explodem junto com as palavras após cumprir a missão do instinto. Arremessam o rojão erótico aos pés das senhoras e senhoritas, putas e virgens, mal prevendo que dispensaram a conquista com o estardalhaço.

As vítimas dos assobios e insinuações voltam a casa com irreconhecível orgulho. Não contarão nada do que aconteceu aos seus pares, sempre ciumentos, sempre defensivos, sempre educados. Seus amores não entenderiam as contradições do sexo.

Se compreendessem, agradeceriam a torcida dos motoboys, dos ciclistas, dos guris das passarelas, que empurram o time feminino ao ataque.

JOGO DE ARMAR

Nos finais de semana na casa de minha irmã, realizamos sucessivas rodadas de ludo. Por incrível que pareça, as crianças ficam de fora, apesar da justa reclamação de roubo, pois tiramos o jogo delas.

Para quem não sabe, ludo é um tabuleiro em que o participante recebe quatro peças e precisa completar uma volta inteira com cada uma delas. Há pouquíssimos ferrolhos para se livrar de atropelos e da sina de voltar ao início.

O ludo foi utilizado como entretenimento na Guerra Civil Espanhola, nos intervalos das batalhas. Sua origem explica a rigidez bélica. Os adultos amigáveis se transformam em cães de guarda durante a partida. Não dá nem para tocar no braço do adversário, que ele leva um susto com a carícia despropositada. Arrepia-se de raiva.

O engraçado é que os quatro participantes costumam ser dois casais, que lavam suas rusgas no conflito. Entre as esquinas coloridas, escutamos revelações de intimidade surpreendentes. Ela vai mexer em sua peça vermelha, perigosamente próxima do avanço da verde dele.

Ela o ameaça: "Se me comer, nada de caminhoneiro."
Caminhoneiro?

É óbvio que ele a come. Ela completa, com esgar decidido: "Eu avisei!"

Dificilmente o jogo termina com risos. É crise e catarse. O perdedor empurra a cadeira, denuncia o esquema de corrupção, desafora o oponente; isso quando o tabuleiro não voa com os pinos pelas paredes.

A intempérie emocional se agrava porque um deve "comer o outro", aproveitando que a peça oponente não está protegida para ser ultrapassada e devorada.

Se houvesse escuta telefônica, a polícia entenderia a sala como uma tremenda orgia. Um swing sem precedentes. "Vou te comer" pra cá, "vou te comer" pra lá. Tem até gemidos e apelos indecentes.

Não descobri se jogamos pelo prazer de brincar ou pela possibilidade de brigar. Mas a provocação vicia.

No *ludo*, a disputa discreta do casamento vem desordenadamente à tona, precipitando recalques e frustrações.

O resultado não fará diferença. Não aprendemos a perder; muito menos a ganhar. Os dados têm o peso de pedras e ferem. Todos se esquecem de uma ferida fechada, ninguém se esquece da ferida aberta. A reconciliação surge sempre menor do que a agressão.

Quer se separar? Esqueça as discussões de madrugada, a devassa de documentos, a comparação de diálogos, a arrumação das malas. Não gaste a voz com indiretas, nem projete o desastre. Isso é coisa do passado.

Jogue apenas *ludo*. O jogo lhe dirá o quanto vocês se odiavam secretamente.

ELA NÃO SABIA ANDAR DE BICICLETA

Minha mulher um dia confessou que não sabia andar de bicicleta.

Enlouqueci. Jurei que fosse zombaria, disse que não era possível, mas ela insistiu como um pão puro: "Eu não sei." Um pão puro, sem que se submetesse ao sabor da manteiga e da geléia.

A partir daquela revelação, fui tomado pela missão de ensiná-la. Ela não me esqueceria se a conduzisse pelas costas, como se faz a um filho, dando um impulso e fingindo que permaneceria junto quando já não estava. Teria a paciência de voltar e prosseguir o exercício várias vezes. Se ela caísse, beijaria seu machucado e explicaria que é normal, que deveríamos insistir para que nada ficasse em aberto, sem tentativas. Beijaria seus ombros para empurrá-la com a boca. Recuperaria seus anos perdidos.

Cheguei à ambição de deduzir que havia casado com ela apenas para dar o prazer dos pedais girando e do vento esculpindo o pescoço. Pois vivo à espera de uma chance de ingressar perenemente na vida dela. Percebi que era uma delas. Sonhava que me levaria depois na garupa, e ela olharia para trás, perguntando-me se estava indo muito rápido.

Num entardecer, na praia, em fevereiro, iniciei minhas aulas. Era patético meu tom professoral diante da espontaneidade do mar. Imprimia sermões, alheio às cambalhotas das gaivotas bicando a espuma, dos surfistas conversando relevos das ondas e das crianças recolhendo a ressaca das conchas com baldes coloridos.

Ela sentou no banco, decidida, e correu em linha reta. Sem parar. Foi como uma locomotiva, pedalando exaustivamente em direção às dunas. Fugindo de mim, fugindo de si, da família que não lhe concedeu nenhuma bicicleta no Natal ou no aniversário para reconhecer as casas antigas e o feitio das calçadas.

Fiquei perplexo, nulo de reação. Não a amparei, talvez tenha gritado: "Mais devagar." Talvez não tenha soltado o grito da âncora, por não conter seu peso sozinho.

Ela não caiu, não bateu em nada, não se afogou no ímpeto. Desceu da bicicleta mansamente e voltou caminhando para mim. Como alguém que não depende mais da pressa para desembarcar em casa.

Confessou com um fôlego um pouco cansado: "Eu sei andar de bicicleta, eu só não sei fazer curva."

Era eu que precisava ensiná-la, ela não precisava aprender.

ÁRVORE DE VENTO

Para Carla, minha irmã

Eu me ensaboava e me ensaboava, passava camadas de xampu, meio pote de condicionador e não deixava o banheiro cheiroso como os cabelos de minha irmã.

Minha irmã cruzava soberana a casa, uma rainha egípcia. A toalha na cabeça, turbante consagrando os traços. A lavanda saborosa conseguia superar o olor do almoço sendo preparado. Por melhor que fosse a comida, seus cabelos perfumados ainda ditavam o cheiro da casa. Eu poderia estar no pátio que meu olfato recebia a rajada morna de seus fios. Todos da família, por algum momento, eram sacudidos para olhar ao lado.

É um mistério: o cheiro incontrolável dos cabelos femininos. Nenhum homem, ainda que lixe sua pele com flores, que faça serão na barba, deite num tonel de amêndoas, será capaz de reproduzi-lo ou, ao menos, chegar perto.

Depois do banho, qualquer mulher cruzará o corredor até o seu quarto com a leveza de um sábado. Será sempre sábado quando uma mulher deixa o banho.

Não é o perfume imposto, é um perfume herdado. Um perfume que já estava na superfície subindo. Um perfume que já estava na carne esperando.

Seus cabelos são árvore de vento. Nem os pássaros formam sombra para não manchar a luz.

É quando as vestes discursam.

Um mar em suas núpcias. As mechas embebidas das linhas harmoniosas de uma vinha, amarradas a um perfume imperdoável, que embriaga qualquer fumaça que venha a surgir.

Sempre esperei toda mulher sair do banho. Como um milagre. Meus cílios infantis formam o tapete de seu retorno.

Em casa, os cabelos lavados da mulher fecham as janelas. Na rua, abrem as portas.

O cheiro dos cabelos lavados de uma mulher entra nas frutas, nos pratos de quem aguarda no restaurante, nos carros parados nos sinais, no papel de carta, nos bolsos sem chaves. O dia pode ter gosto de noite de repente.

Os homens ficam com os ouvidos inseguros diante do enxame de abelhas.

É a água em marcha, imponderável. Como uma tempestade do chão. Sem barulho Que vai lavando as escadarias, os arranha-céus, as sacadas, as bocas das crianças tomando café, a borra da neblina nas marquises.

Quando ela passa, redime os pecados da gula, as brigas entre os casais, os problemas financeiros, o tédio dos peixes.

Os cabelos lavados de uma mulher nunca terminam de secar.

A MEGERA

Há um tipo de mulher que me irrita e me deixa totalmente abatido: a megera. Ela me dá vontade de alterar o passado. Eu me envergonho do sol que bate em minha janela.

Corrigindo, a megera não é uma mulher; é a falta de mulher. Tampouco é um homem; é a ausência de sexualidade.

A megera não é mal-amada; ela não ama.

A megera dirá que você abandonou os filhos quando, na verdade, se separou dela.

Ela não sairá do passado porque não tem futuro.

Fará com que seu filho o odeie; não suporta odiá-lo desacompanhada.

Produzirá na criança uma bomba-relógio contra o pai, a explodir na adolescência.

A megera educa seus filhos para não ter amigos e amores. Amigos e amores afastam os filhos dela.

Tentará atingi-lo sempre usando as crianças contra você.

Sua malícia é revestida de ingenuidade infantil.

Depois de meses sem notícias, telefonará para ofendê-lo de pai ausente, quando é ela que não deixa a criança conviver sem culpa.

A megera é a Idade Média.

A megera costuma falar mal de você de propósito na frente do filho.

Incitará os filhos a questionarem sua atual esposa. Que briguem com ela. Que provoquem. Qualquer tapa moral que a atual esposa der no filho para repreender, a megera armará um barraco alegando que seu filho foi espancado.

Ela pode bater no filho de cinto, mas não permite que ninguém rivalize com sua raiva.

É fácil reconhecer uma megera: ela não mente; ela exagera.

Ela não se depila; ela se corta.

Não sofre por fazer sofrer.

Ela tem filhos e cria os filhos para dizer que fez tudo sozinha. É a vítima de sua própria ambição. Depois não consegue sucesso profissional e amoroso e culpa os filhos porque foi obrigada a ser mãe em tempo integral.

A megera não é mãe em tempo integral; é ex-esposa em tempo integral.

O triste é que os filhos não podem se separar da megera, como o pai.

A megera terá sua família para fingir que ela não é uma megera.

A megera é incapaz de falar "Tudo bem?"; logo, pergunta "O que foi?"

A megera entrará na Justiça para avisar que você é rico e famoso e sonega rendimentos. Nunca diga sequer uma vírgula para a megera, ela não é confiável nem num enterro.

A megera está se lixando para a felicidade dos filhos, para a compreensão entre os irmãos de outros casamentos.

A megera não conseguiu ser feliz; é seu propósito não deixar ninguém mais ser.

Pelo bem dos filhos, a megera esquecerá os escrúpulos.

Ela quer aparecer na foto quando não foi convidada.

A megera é a bomba-relógio que deveria ter explodido na adolescência.

A megera colocará seu filho no psicólogo, mas esquecerá de ir ao psicólogo.

A megera pedirá para que fique com os filhos quando está interessada em viajar.

Será educada somente quando não tiver opção.

Ela encontrará um jeito de não permitir que seu filho viaje com você.

A megera é o fracasso do amor.

PAPAI-MAMÃE JÁ TIVERAM FILHOS

Já me recomendaram muito não conversar depois do sexo e ainda mais sobre o sexo. Que termina com o mistério.

Não caio na ladainha. Sou um narrador mesmo quando estou de folga, sofro de cistite verbal. Desconfio que o laconismo signifique preguiça sob o disfarce de confiança. Na hora em que alguma mulher pede: "Nem precisamos falar". Ou quando afirma que "o silêncio diz tudo", abro um parêntese. (Por favor, o silêncio não diz absolutamente nada. É unicamente silêncio. Não é tradutor de quem não fala.)

É uma espécie de covardia abençoada, uma forma de cada um viver para seu lado e não afiançar a solidão. Não acho que a voz estrague o clima, que o diálogo diminua a intensidade, que abrir o que se gosta é assassinar a relação. Qual é o problema de se expor, identificar suas taras? Deixar rolar serve para bola de futebol. Não para o corpo que pretende fixar leveza e se deliciar.

Que diga sem pudor que adora sexo oral, que adora prender os mamilos, que adora dar a bunda, que adora ser pega em flagrante ou se envolver com estranhos. Casais temem o rosto um do outro, temem confiar segredos, temem a audiência pública de suas fantasias. Temem ser ousados demais ou travados e ficam no meio-termo, aguardando que a coragem compareça na próxima vez. Um crime ser educado quando a nudez desafora. Restrições combinam com remédio, não com a saúde.

Ao sacrificar a fala, acomoda-se na aprovação equivocada. Parece que a transa foi tão ruim que não permite comentários. Ou que alcançou sua condição sublime, que perdeu a língua.

Um estigma crer que o sexo foi feito para a concordância, que se deve embrulhar o amor para comer sozinho em casa. Sexo não é uma conclusão fechada. Não é um julgamento individual. É uma sentença a dois, um júri popular. Que ambos melhorem dentro e fora do beijo.

Sexo não combina com o silêncio, sexo combina com o sussurro, com o gemido, com o palavrão. É mais teatro do que livro. Não para ser lido quietinho. Pede a expressão cênica.

Somos atores do próprio desejo. Uns, canastrões, outros, bem mais convincentes.

A palavra não salva o sexo, mas melhora.

LANCHERIA CAFÉ DA MANHÃ

Quando não tenho respostas, escuto o mundo. Pelas grades, cheiro as flores do vizinho, que prefere papoulas às rosas. Fico levemente irritado: as papoulas roubaram o cheiro de meu capote.

Vou comprar frutas mais lento. Tenho dó das que estão estragadas e pisadas no fundo. Por pouco, não me junto a elas. Presto atenção às palavras do cobrador de ônibus, como se ele fosse uma mensageiro involuntário. Estou sempre esperando uma senha, um símbolo, um conselho. Algo de fora que me esclarecesse. Ando dependente de um aviso. Vejo o quanto ainda acredito em anjos, fantasmas, árvores.

Qualquer aparição faz sentido: um cão estranho lambendo minha mão, um gato olhando para trás na linha dos muros, um pássaro que atravessa as janelas de casa por dentro.

Os olhos se embaralham em cartas de tarô. Fio-me na adivinhação e leitura das coisas pelas coisas. Toda pessoa que encontro na rua torna-se minha visita — nem preciso atender o interfone. Estou me aguardando em cada desencontro.

Ao me entristecer, unicamente um lugar me conforta. Não é a residência materna, como era de se esperar. É o boteco Café da Manhã, que não muda seu cardápio desde 1979. Uma pastelaria localizada na ladeira da rua Riachuelo. Sento de frente ao balcão. Nada de mesas, nada de observar as calçadas no mesmo nível. Cadeira alta, dura, perto do fervor da cozinha e da movimentação dos atendentes. Sou um solitário acompanhado. Um solitário acompanhado de solitários em fila indiana. Na maioria dos dias, chovendo ou não, vejo-me como um guarda-chuva. É fácil confundir um guarda-chuva com outro guarda-chuva. Ali não!: sou um chapéu que não perde a forma e não se mistura com os demais nos ganchos.

Peço um pastel e um suco de morango. Meus cotovelos são os pratos. A cozinheira avisa que vai fritar um novo para mim. Respondo: é disso que preciso. Ela limpa o sorriso no avental.

Meu pai me apresentou o cantinho, espremido entre duas livrarias, e não deixei de freqüentar. É minha igreja, meu confessionário. Estou em paz — prevejo o que acontecerá nos próximos minutos. O suco não vem medido e contado. Recebo o copo inteiro do liquidificador, cheio até as bordas. Posso me servir do próprio cansaço da polpa.

Só dois locais usam aqueles azulejos verdes: banheiros e lanchonetes. As paredes não envelhecem, não há como riscá-las e diminuí-las com quadros. O dono me conhece de pequeno e finge que não cresci.

Pago R$ 7 para reencontrar a minha solidão.

SOU UM CARACTERE CHINÊS

Para Vicente Cecim

Na escrita chinesa, apenas cinco caracteres permitem a leitura de primeira, sem combinação. Apenas cinco são desenhos que geram a compreensão imediata. Os outros 20 mil são lidos pelo conjunto. Uma letra ampara e completa a anterior.

A escrita chinesa é casada. Os ideogramas dormem juntos.

Eu sou um caractere chinês.

Sempre fui casado mesmo quando solteiro. Por dentro, casado. Por dentro, romântico e incurável. Por dentro, jurando viver toda uma vida com uma única mulher. Por dentro, singelo e pavorosamente crédulo. Já ouvi que sou ingênuo. Tentei ser ranzinza, cético e calhorda. Não funcionou, porque não me interessa a realidade, interessa-me se é possível.

Não sirvo para imitar. Não sirvo para emprestar, dou e não reclamo. Dou.

Sou dos homens o pior. O que não se enxerga sem uma mulher o enxergando. Valorizo o que sou quando recebo de volta. Eu me atravesso numa mulher. Nem saio se ela não estiver em mim.

Nenhuma dor diminuiu meu casamento. Nenhuma dor me separou da ilusão de estar casado. Minha voz é casada, meus braços são casados, minhas pernas são casadas.

Sou tão casado que subestimo a separação. Separação não existe. O máximo que acontece é se afastar. Não há como apagar o que se avançou. Não há como riscar o caminho da boca. A boca não deixa pegadas. Não há como eliminar o que já faz parte do seu movimento, do seu caráter, do seu modo de segurar as palavras. Afastar-se é observar de longe, não abandonar.

Quem não é casado por dentro nunca será casado por fora. É uma escolha, não um estado civil. Um homem casado não depende de uma aliança para mostrar compromisso. Ele é a aliança.

Olho o céu com paciência. O azul não me cansa. Uma ave voando não significa que está partindo. Uma ave voando pode estar regressando.

QUANDO NÃO SE ESPERA
(o que o homem não cogita)

Você está cansada, peças mistas, roupa de terça-feira, a língua não pousa sábia, teve irritações no trabalho, não arrumou as unhas, andou pra cima e pra baixo com as botas, é o dia perfeito para não encontrar nenhum amor. Para descansar e ficar em casa, comendo chocolate e assistindo a capítulos perdidos do seriado preferido.

Mas ele surge sem ser convidado. Ele aparece como para contrariar. É um amigo que não prometia atração, um colega que não demonstrava interesse, um conhecido que abre a guarda.

Ontem estava disposta, ontem estava perfumada e irretocável, ontem estava com chapinha e decote, ontem desejava que acontecesse. Hoje se sente um bagulho, acima do peso, acima da idade (se é jovem ou velha, dependendo do humor), e ele se oferece, cheio de intenções e malícia, soprando palavras misteriosas, que confundem e a tiram para dançar.

Como explicar que não está depilada? Muitas amigas desistem do compromisso para manter a reputação das virilhas.

O homem vai deduzir que ela não está a fim enquanto a razão é outra.

A realidade é essa: ele a convida para sair logo hoje. De repente, não haverá um segundo convite. Aceita contrariada, querendo retornar cedo. Não consegue se desvencilhar e enfrenta a decisão de ir até o fim ou deixar para depois. Arruma dezenas de desculpas infundadas, despropositadas, esfarrapadas como a lingerie que tenta esconder, que precisa terminar um projeto ou que tem reunião de manhãzinha.

Toda mulher teme perder o homem porque não está produzida. Mas o que o homem mais gosta é de uma mulher desprevenida. Uma mulher que surpreenda sua indisposição. Uma mulher com cara de quem acorda, não com cara de quem vai dormir. Uma mulher que não aguarda o melhor momento, mas deixa que aquele momento, tão ínfimo e opaco, despretensioso e discreto, encontre sua grandeza. É quando ela se dá conta de que terá que tomar banho mesmo nos lábios dele. É quando ela se dá conta de que terá que esticar as pernas para apertá-lo dentro.

Vocês não estão bêbados, vocês não estão irresponsaveis, vocês não enlouqueceram, nenhum motivo para esquecer.

Despreparados para o amor, o amor é sincero. Ao invés das frases escolhidas, escolher qualquer cisco para o ninho. Uma gafe, um tropeço, um arrependimento não prejudicam a conversa, iluminam a intimidade.

RINDO NO AMOR, NÃO DO AMOR

O riso não costuma reinar no sexo. Como se não fosse permitido rir dentro da igreja e do quarto. Como se o amor fosse um segredo sério, um segredo lento.

Um riso dela: o homem pensa que ela está zombando do tamanho do pau e dos movimentos de seu corpo. Um riso dele: a mulher jura que ele está troçando de suas imperfeições e de sua experiência. Convenciona-se que o humor broxa. O humor traz desconfiança. O humor lança suspeita. Que o amor deve ser sério como um drama. Trágico.

Não foi isso que aconteceu com os dois. Ambos transavam com alegria. Com alvoroço festivo. No meio do gozo, passaram a rir desbragadamente. Rir da entrega mútua, do que foi recebido, do que foi oferecido, do mistério de estar pleno e sem volta.

Eu acreditava que chorar junto era a maior cumplicidade que existia, mas aquilo que fizeram foi mais do que desejaram. Aquilo que fizeram foi mais do que uma aventura. Aquilo que fizeram foi mais do que ouvir um ao outro, e sim falar um no outro. O rosto dele moldado no pescoço dela. Os seios dela apertados pelo seu peito. A simplicidade da ternura. Nadavam, andavam dentro dos braços, sem a ameaça da dúvida, sem remédio, as papoulas como sapatos descansando fora da casa. Todo beijo não pedia beijo; pedia soluço, sol no dia seguinte.

Não havia a maldade do meio-dia; havia o perdão da meia-noite. A boca diurna e a cintura noturna.

Davam-se como o vinho e a toalha de mesa, como as pétalas e os livros, como a plumagem do ninho e alecrim, como a cabeleira da névoa e os altos frutos.

Gargalhavam quando não sussurravam, e nada diminuía o prazer. Desnecessária qualquer explicação sobre as risadas. Gemiam rindo. Gemiam misteriosamente rindo. A nudez abençoada pela oferta. Nenhum arrependimento atravessou a cama. Nenhuma culpa desmereceu a voz. Rir é trocar a despedida pela véspera. Voltavam e se arremessavam, torneavam o tempo como queriam. Soltos pelo riso, nunca amarrados pelo grito.

TELEFONE I

Ao lavar o brim, reavia as moedas das calças.
As moedas não se desvalorizavam com as mudanças históricas dos planos econômicos e do dinheiro. Eram numerosas fichas telefônicas, numa época distanciada do celular e onde o telefone fixo significava propriedade de família.

Na década de 80, eu não chegava em casa sem contar os telefones públicos no caminho. Por uma questão de urgência e prevenção, se o primeiro não funcionasse, deveria conhecer qual o mais perto. O orelhão tinha a importância de parada de ônibus, de posto policial, de pronto-socorro. Mais do que lufadas de vento ou placa de rua, esquina precisava de uma cabine para ser valorizada.

Filas se formavam diante do telefone, em qualquer horário e chuva. Igual a comício-relâmpago. Igual a disputa de caixa de mercado no final de semana. Cada ficha que caía produzia um barulho de descarga e acelerava a voz do interlocutor, receoso com o fim abrupto da conversa e de não dizer o necessário. Quantas declarações amorosas, pedidos de emprego, saudades de filhos não foram interrompidos com "fala rápido, não tenho mais ficha"? Ou o cara estava arrependido de seus erros e, quando se sentia pronto a pedir o perdão, a ligação silenciava. O "alô alô" desesperado dele era um modo de chorar, que sua mulher nunca escutaria.

O aparelho engolia a seco as aspirinas metálicas. O orelhão hipocondríaco tomava umas cem por dia e não morria. Agüentava a overdose de um dia inteiro até chegar o para-médico da companhia telefônica, que realizava a lavagem estomacal.

Eu conversava enrolando minhas pernas no poste. Como se o poste fosse uma perna feminina. Ao ligar para uma colega, exigia o talento de disfarçar a pressa. Deixava a menina relatar minúcias de sua tarde, mesmo que restasse somente uma ficha e alguns minutos.

Abafava os soluços do telefone quando consumia os créditos. Presumia que quem estava no outro lado da linha comigo escutava a ficha tropeçando. Escondia o barulho falando repentinamente mais alto.

Fazia de conta que tinha todo o tempo do mundo para discorrer sobre frivolidades enquanto os que estavam atrás de mim faziam caretas de descontentamento e firmavam a solidariedade do resmungo. O orelhão era feito para dar recado, mas ninguém obedecia à regra de etiqueta. De bom-tom não olhar para trás, senão batia o arrependimento da tagarelice e da espera dos usuários. Colava, portanto, o rosto no disco e virava estátua.

Havia a paciência de ouvir as conversas alheias. Não foram uma ou duas vezes que mudei meu discurso depois de acompanhar depoimentos emocionados em minha frente. Iria ligar para terminar um namoro e, enquanto aguardava, via uma senhora sofrendo, balbuciando, insistindo pelo seu retorno. Alterava de pronto minha idéia e marcava um novo encontro.

O orelhão me botava a pensar antes de dizer. Sem ele, minha vida tem sido perigosamente precipitada.

TELEFONE II

Sofro de uma mania imperdoável. Peço para a minha mulher telefonar e passo a gritar atrás o que deve dizer. Sou um chato. Não deixo ela falar, cheio de idéias e detalhes repentinos. É desgastante passar a informação, raciocinar e ouvir o que acontece ao telefone e suportar um outro perto de si, despejando dicas e corrigindo.

Não é possível assistir a dois canais ao mesmo tempo. A vontade é desabafar: "Quer falar? Então toma!" E meter o gancho goela abaixo do marmanjo.

Qualquer mulher fica louca. O homem tem o insólito hábito de pedir um favor, meter-se drasticamente no meio da conversa, inspecionar o serviço e apontar somente observações negativas. Deixa de ser um favor para virar uma ordem.

Os exemplos são simples. Ele não deseja ligar para sua mãe (conhece o incômodo que virá pela frente), mas precisa passar um recado urgente. A mulher decide generosamente fazer a ligação. Tem que agüentar o relato minucioso do dia da sogra e mais o marido soprando novas fofocas e detalhes ao seu lado.

Não há maior tragédia do que ser uma linha cruzada entre o marido e a sogra. É o mesmo que ser convidada para o próprio velório e ainda agradecer.

Ou pode ser a encomenda de uma tele-entrega. Lá vai o marido listar o jeito que deseja a comida durante a ligação, com pedidos inúteis e caprichos intoleráveis. Nem sabe o que o atendente está dizendo e responde de forma paralela, com a naturalidade do viva-voz.

O cara não cala a boca: matraqueando letras para acelerar sua narração de turfe. Assim que ela disca, o homem abandona a preguiça que não o fez telefonar, pula da cama, ganha uma disposição e eloqüência em instantes, entra em surto e se dispõe a questionar sua mulher.

"Não esquece de pedir", sugere a cada dez segundos, para depois cobrar: "Não pediu, né?"

Demonstra um talento inato para provocar. Emerge o espírito brigão que o mantinha elétrico na infância.

Se o homem reclama com insistência da co-piloto no carro ou tece piadas sobre a mulher no volante, não percebe que ele é o pior co-piloto que existe ao telefone.

O MAPA

Para Sylvia Cyntrão

O escritório amarelo, os quadros alinhados e distribuídos com equilíbrio, as cores dos móveis evocando o miolo dos girassóis. A luz da lamparina aquecia a madeira entre o rústico e o preciso. Você sabe a casa em que é mais fácil encontrar um jogo de gamão do que um tabuleiro de xadrez? Pois é dessa que estou falando.

Era uma casa de bom gosto, não fosse um mapa rodoviário grudado na parede com durex. Um mapa com a confusão babélica das linhas viárias.

Não compreendia a utilidade de um mapa de botequim no apartamento de minha amiga de Brasília. Ela não viajava muito, não tinha nenhuma atividade geográfica em sua docência na universidade. Muito menos constava possuir uma obsessão por guias turísticos. Ou uma queda por arqueologia

O mapa combinaria com um posto da polícia rodoviária, para a finalidade da receber perdidos e atender acidentes, não naquele lugar temperado de livros e relíquias pessoais.

A cartografia das estradas mostrava marcas hesitantes de caneta vermelha, datas enredadas em iniciais, círculos afobados, movimentos migratórios das mãos. Traçado infantil de adulto, que engana sua idade na letra, mas não nos desenhos.

Fiquei aguardando no sofá a amiga se arrumar para sairmos, até que tocou o telefone. Ela veio meio descabelada para o escritório e conseguiu atender no último toque. O último toque é sempre o que apanhamos com o fôlego cortado.

Começou a conversar de frente para o mapa e de costas para mim, o que agravou a curiosidade. Segurando o telefone no ombro, pegou uma caneta hidrocor na gaveta e passou a riscar cidades, a sobrevoar distâncias com a pressão do indicador. Enfrentou dificuldades para dar conta dos movimentos simultâneos: assinalar o pouso dos dedos, decifrar os nomes microscópicos dos municípios e manter a ligação em um estado civilizatório de pergunta-resposta.

Ela falava com seu namorado do Rio de Janeiro. Um ator. Que partiria em uma nova excursão.

Neste momento, entendi, entendi entendi.

Ela reproduzia as andanças dele no mapa. Acompanhava seus avanços e recuos, esperando que ele ficasse tão próximo que pudessem se surpreender e matar as saudades. Faz seu roteiro, sem que ele saiba. Ajuda as veias a encontrar a saída mais próxima.

Quando ele falar o nome estranho de uma cidade visitada, ela já terá imaginado. Quando comentar que esteve em Manaus, já lembrará da estação.

Só o amor é capaz de ser tão patético e mesmo assim soar sublime. Tão ridículo e mesmo assim alcançar a verdade.

Só o amor é capaz de articular segredos sem denunciar a devoção, sem depender das recompensas.

Ela não colocou o mapa para esnobar o que está sentindo ou provar alguma coisa. Não me contou nada, descobri por acaso.

O mapa é o rascunho do corpo dele.

QUALQUER COISA

PARA FERNANDO CHUI

Ele vai dormir no sofá.
Não porque brigou com ela, não porque se afastou, não porque estão ressentidos.

Não houve desentendimento, princípio de discussão, mentira naquela noite.

Ele vai dormir no sofá por escolha.

Por decisão.

Vai dormir no sofá porque ela não estará em casa.

Quando ela viaja, ele pega seu travesseiro, sua coberta e deita na sala. Liga a tevê e se distrai da solidão.

Tudo que servia em sua época de solteiro agora o aborrece. Não partirá para festa, beber com amigos ou jogar futebol.

Antes, bastava a namorada sair e ele se via livre, louco para a rua.

Hoje a mulher sai e ele se vê abandonado.

Liga o som e faz-de-conta que ela está tomando banho.

Como um cachorro, fica mais perto da porta. Como uma criança, fica mais perto da janela.

Não suporta a cama de casal. Não agüenta girar o corpo sem encontrá-la.

Pega um vestido dela no cabide, ameaça cheirar e recua. Conclui que isso já é doença. Mas cheira. Cheira com a vaidade da doença.

Por alguns momentos, tenta imaginar como dormia sozinho na adolescência. Pressiona os olhos com a contundência dos ouvidos. Fracassa. Depois de viver, imaginar é mais difícil.

Ele depende do corpo dela para ler de noite. A luz do abajur é muito fraca, mortiça.

Pisa no quarto para buscar as roupas. O quarto é uma despensa durante os dias da ausência.

Ele acampa em seu apartamento. Muda os hábitos, come qualquer coisa, bebe qualquer coisa, telefona qualquer coisa, trabalha qualquer coisa.

Qualquer coisa é sua vida nas próximas horas.

Ele acreditava que a conhecia. Isso quando a pediu em casamento.

Ele só não esperava não se conhecer depois dela.

Casou com ela com toda a clareza.

E casou consigo no escuro.

Tudo que conheceu dela desconheceu de si.

Liberou memória na personalidade.

Percebeu que os limites não são os mesmos. Os limites trocam de idéia.

Sua mulher tem limites diferentes hoje de ontem de amanhã.

Não se repetem.

O limite do cansaço. O limite da voz. O limite da brincadeira. O limite da provocação. O limite da paciência. O limite da conversa. O limite dos filhos. O limite do prazer. O limite da educação. O limite do trabalho. O limite do silêncio. O limite do amor.

Assim que ele aprende os limites dela, ela muda os limites.

Não é gozação. Ela não age por mal.

Foi ele que a ajudou a superar os limites.

UM AMOR SEM VOLTA

Meu primeiro beijo na boca me deu uma lição.

Uma lição que guardo até amanhã.

Apaixonado pela colega Alice. Ambos com treze anos. Cursávamos o último ano do Ensino Fundamental.

Ela não gostava de mim, gostava como amigo. Mas meu amor por ela valia por dois. Amava por mim e por ela. Amar em dobro é dobrar também a própria solidão.

Durante dois anos, guardei o sentimento sufocado. Escrevia cartas e poemas. Redigia bilhetes curiosos e ternos durante a aula. Anotava corações em seus cadernos. Insinuava uma aproximação atrapalhada, apressada. Agüentei no osso seus namoros com caras mais velhos, as confidências e detalhes macabros de suas conquistas.

Uma noite chuvosa, correndo de mãos dadas para chegar em casa, tentei o beijo, emparedei sua cintura debaixo da marquise e ela escapou o rosto. Meu primeiro beijo foi um não-beijo. A chuva me impediu de chorar.

A partir desse encontro, nossa amizade não poderia seguir ingênua. Não poderia nem seguir. Ela me olhava desconfiada.

Sempre que uma mulher olha desconfiada nos promove a homem. Não posso esconder o orgulho de ser observado como homem após permanente insistência. Mesmo que seja como homem recusado.

O que não esperava é que ela abrisse a guarda, orientada pelo irmão, que aconselhou:

— Dá uma chance para o menino.

Mandou um bilhete avisando que não viveria sem mim. Convidou-me para ir ao seu apartamento. Seus pais estavam no cinema.

Eu a beijei no sofá. Era mais alta do que eu. Errei um pouco a altura do tronco para encaixar. Um beijo tímido, sem convicção. Um beijo com a língua hesitante. Com os lábios mudos, murchos.

Logo nos despedimos. E fingíamos que nada acontecera. **Prometemos ligar no dia seguinte, não mais nos falamos. Nem para acarrear o amor.** Mudei meu lugar na classe e sentei ao fundo. Seus cabelos loiros me acenaram longamente.

Eu a amava, mas não fora suficiente. Ela deve ter pensado que ficar comigo era o melhor. Mas o melhor não é o verdadeiro. Não se persuade o corpo com argumentos. Ela desejava me amar por admiração ao amor que eu sentia duplicado. O amor que a tornava Alice do Fabrício. Ela tinha ciúme do próprio amor que eu nutria por ela e queria tomar de volta.

Meu primeiro beijo na boca me deu uma lição.

Uma lição que guardo até amanhã.

Que o amor não se convence.

ESCONDO O AMOR NA AMIZADE

Eu respirava pela boca. A boca obrigada a falar e respirar ao mesmo tempo. O nariz preguiçoso, mais alto e forte, mandava nela. E ela obedecia.

Meus lábios não dormiram sequer uma vez na vida.

Do mesmo modo que trocava a boca pelo nariz, confundia a amizade com o amor.

Não amei nenhuma mulher pela atração simples e direta. Pela beleza fulminante. Pela sedução lacônica e apressada.

Não amei uma mulher à primeira vista. Meus amores foram a prazo, bem parcelados. Com o carnê cheio de folhinhas. Conversados longamente para encontrar a quietude. Observados, desesperados, lentos. Segurar inicialmente os braços, depois as mãos, bem depois o rosto.

Amei pela convivência, pelas afinidades, pelas discussões, pelos cantos da chuva, pelo sol pintado do meio-fio. Amei na continuidade, no alinhamento do riso, nas brincadeiras involuntárias. Amei ao expor confidências — as confidências já eram provas de que amava. Desabafei muito antes de amar, pedi muito ajuda antes de amar, fui incompreendido muito antes de amar.

Amei durante a semana mais do que nos finais de semana.

Amigo leal e pontual de uma menina, amigo inseparável, não tinha jeito: queria namorá-la. Não conseguia parar o corpo. O amor aparecia como compreensão inteira, dedicada. Não desejava uma mulher que não me entendesse, desejava quando ela me entendia. Percebia o amor como um segredo desde a escola. Um amigo secreto. Ele gosta de alguém e ninguém sabe. Ela gosta de alguém e ninguém sabe. Guardava-se uma paixão com coração e iniciais, sorrateiramente, na última página do caderno de matemática. Não era assim?

Escondia o amor dentro da amizade. Não havia melhor esconderijo.

A amizade me levava ao amor. Mas o amor, logo que encerrava, renunciava à amizade do começo. Não dava para voltar à amizade quando me declarava. Para continuar, a amizade não pode ter a consciência do amor. A amizade termina se o amor surge, a amizade termina igualmente se o amor acaba.

Não mudei com o tempo. Amo pela amizade, respiro pela boca, converso pela respiração.

BORDADO COM AS INICIAIS

Eu tomava ônibus em viagens mais longas com meu travesseiro.

Um longo travesseiro pendurado no braço, além da mala e do ar madrugado.

Era o equivalente a levar uma centelha de casa para um lugar impessoal. Era um resto do quarto. Um pedaço da cama. Enganava o desconforto da poltrona com a intimidade de um capricho pessoal. Facilitava meu descanso entre o corredor escuro e a janela de luzes bruxuleantes.

Ficava menos enjoado da mistura de diesel, de couro e cortinas antigas. O travesseiro é leal porque traz o cheiro do passado.

Ainda observo muitos passageiros, entre crianças, jovens e velhos, carregando o travesseiro na rodoviária. São figuras engraçadas, a arrastar o casaco da infância. Segurando o pano como um filho dormindo, a manter os cuidados do leite e do peito.

Quando embarcamos num amor, levamos o travesseiro. O travesseiro é o que temos de mais particular. Mas quem nos recebe pode identificar nele simplesmente um pano velho.

Canalha!

Uma superstição. Um laço antigo. Uma teimosia. Não enxerga que uma vida nova não apaga a vida anterior.

Pode não ser o travesseiro, pode ser uma frase, um gesto, um ritual familiar, que vale muito e que carregamos conosco. Um objeto que nos identifique. Que diga de onde viemos e que mostre que temos uma história.

Há a idéia de que o amor é ambição. A maioria não entende que ele cabe num travesseiro.

Por mais que se dê linguagem e atenção, o outro achará pouco. Por mais que se cozinhe, faça surpresas, leve a amizade para passear de mãos dadas, o outro achará pouco. Por mais que se apaixone e se enlouqueça, que mude os hábitos, o outro achará pouco. Por mais que se abra a memória, confidencie segredos, o outro achará pouco. Por mais que se transe na mesa, costure as roupas, ajude nas economias, inspire o trabalho, o outro achará pouco. Por mais que se pouse, que se proteja, o outro achará pouco.

E damos tudo que temos, e o outro achará pouco. E damos tudo que poderemos ser, e o outro achará pouco. Sempre pouco.

Falimos, e o outro achará pouco. Nascemos de novo, e o outro achará pouco. Morremos de novo, e o outro achará pouco. Exaustos, arrebentamos o travesseiro e não entendemos como as penas já souberam voar.

Pouco, pouco, pouco.

Quem achou pouco, não entende de amor. Quando se ama, acorda-se vestido para o milagre.

FAXINA

Quando uma faxineira vem limpar a casa, eu me torno hóspede.

Ela age com uma velocidade impressionante, mexendo os panos, a vassoura e o aspirador. Localiza os detergentes ao virar os ouvidos. Movimenta o balde com a elasticidade de um terceiro braço. Entra obcecada a terminar logo. Não há segredo para ela, esconderijos para mim. Caminha com a naturalidade de roupas íntimas. Espana os móveis, encera os bidês, como se estivesse lendo um livro, e ninguém, ninguém a estivesse olhando.

Assim que minha faxineira entra, assume meu endereço.

Fico com a impressão de que estou estorvando. Um intruso. Ela se aproxima de onde estou como uma ameaça. O apartamento nunca é suficientemente espaçoso para conter seu avanço. Pergunto sempre se ela precisa de alguma coisa. Questiono como estão os filhos e o marido. Não suporto o silêncio. Faço café para ela. Tento agradar. Não encerro meus textos. Embaralho-me ao telefone. Peço emprestado o computador. Ela treina o desembaraço, e eu, uma retração perpétua. Será que tenho culpa pela baderna do apartamento e me diminuo em criança temendo o castigo? Pode ser. Quando pequeno, era fácil esconder quando derramava suco no sofá. Virava as almofadas.

A faxineira é um Messias toda semana. Ao telefonar que não poderá ir, estranhamente respiro a mais repentina satisfação, pouco me importando de que modo acalmarei a bagunça. É um alívio não mudar minha rotina. Não me estrangeirar com sua vigilância.

A entrada da faxineira no apartamento lembra a separação de um casal. Eles ainda estão morando juntos, mas não se comunicam. Respeitam seus territórios. Só que ambos estão loucos de diferenças, loucos por dizer, loucos para se arrepender, loucos para se abençoar com desaforos. Mas, por achar que não é o momento certo, por achar que a sujeira ainda é muito grande, que a sobrevivência é a prioridade, emudecem com gentilezas e educação. Após tanta intimidade, após tantos anos de cumplicidade, protegem-se na formalidade. São visitas habituadas a permanecer conformadas. O quarto dedicado ao sexo vira um hotel macrobiótico.

Um dos dois — com o tempo — decide ser a faxineira. Enquanto um finge que nada mudou, o outro tira as cadeiras e a mesa do lugar, desmorona a pilha de roupas, procura os restos, as nódoas e as manchas das mentiras, e terá que mostrar que há conserto ou não há o que fazer. É sempre o mais corajoso e desconfiado. O que enfrenta a rinite alérgica e abre as janelas.

O que esvazia a geladeira para encontrar o que está estragado. Vai esfolar os joelhos, derramar-se no solo para esfregar o piso, mostrará que a gordura não sai.

Não se suporta uma faxineira porque ela conhece nossos defeitos. Não se suportam testemunhas de nossa precariedade. Tem gente que não casa para não ser descoberta. Tem gente que não se separa para não ser desmascarada.

PROCURA-SE UM BRINCO

Uma professora de Dois Irmãos (RS) perdeu um dos brincos há três anos. Talvez em casa, talvez na rua, talvez no trabalho. Agachou-se no tapete da sala para ver se definia um sinal luminoso. Mexeu com as mãos por dentro das fibras, a exemplo de uma nuca, à procura de um caroço benigno. Não achou. Repetiu o procedimento na mesa do seu escritório. Insistiu e não encontrou, nem com ajuda de salve-rainha.

Extraviar a tarraxa, tudo bem, rouba-se de um outro brinco. Mas o brinco escapuliu de sua orelha de repente. Sem nenhum esbarrão e aviso. Ela notou bem mais tarde, antes de dormir, quando não lembrava da última vez que o vira e tocara. Não adianta comprar outro, pois, o que fazer com o que ficou?

Ainda hoje ela anda com olhar enviesado ao chão, na esperança de completar o par. Carrega o brinco solteiro na bolsa. Nunca mais tirou dali — nem pretende. Na conversa que entra, já traz a esperança de reaver o brinco. Como se fosse possível ele ressurgir em uma cidade diferente, numa casa estranha.

A professora é a encarnação de toda mulher que espera encontrar um namorado, um marido dentro do namorado, um amigo dentro do marido. Se tivesse perdido a fé, teria posto o brinco solitário numa cômoda, numa gaveta do armário, para não mais costurar seus cabelos. Mas ela não desiste. Não se entrega. Carrega a peça como um santinho, um prendedor de cordão umbilical, um broche de família. Não que precise de um homem ou de um brinco, precisa de si mais um pouco.

Cada mulher tem uma jóia solteira na bolsa e vai conferir se não acha o conjunto para concluir o rosto.

Até porque a orelha volta a fechar sem o brinco.

NADA MAIS BONITO DO QUE UM CASAL ADMIRANDO-SE
(Para as mulheres, o que gostaríamos de ouvir)

Não vejo o amor sem a admiração. Admirar é desejar ser igual estando junto. Admirar-se. Admirar a gentileza do homem jurando por Deus. Admirar sua lealdade com os amigos. Admirar seu jeito esforçado de assumir as contas. Admirar seu cuidado treinado com os idosos, cedendo assentos e lugares nas frases. Admirar os princípios herdados dos pais. Admirar sua masculinidade em sobrecarregar no abraço. Admirar seu riso infantil, sua ingenuidade no tropeço. Admirar sua vivacidade em brincar. Admirar, admirar-se. Admirar a conversa que tem com o filho sobre quem cuida de Deus. Admirar seu temperamento sereno em noites de relâmpagos. Admirar sua inquietude para sair com o sol. Admirar sua concentração numa música nova. Admirar, inclusive, quando ele amarra os sapatos, debruçado como a água nas escadas. Admirar seu nervosismo nas provas, nos concursos, nos exames do trabalho. Admirar sua letra com ânsias de terminar. Admirar sua falta de jeito em dançar, compensada pela alegria de estar com você Admirar seu modo de transar, sua fixação por poltronas

Admirar quando ele interdita o dia para arrumar aparelhos quebrados. Admirar o perfeccionismo que o impede de ser totalmente seu. Admirar quando ele dorme no meio do filme e finge que assistia. Admirar suas mentiras encabuladas. Admirar, admirar-se. Admirar sua disposição em ser mais velho no medo e ser mais novo no aniversário. Admirar suas meias sem par na gaveta, suas fotos esquecidas de datas, seus recados de telefone faltando números. Admirar sua capacidade em desmemoriar compromissos. Admirar ao circular o sabão nos seios como se fosse uma vidraça. Admirar seu talento em provocar amizades no trem ou na rua, pouco preocupado em se preservar. Admirar quando urra desaforos no estádio, logo ele tão civilizado, tão cordato na família. Admirar sua vocação para pegar a joaninha da gola e a pôr novamente na grama. Admirar como disfarça que perdeu um botão abrindo as mangas ou o zíper quebrado colocando a camisa para fora. Admirar suas palavras de amor, incompreensíveis mas terrivelmente musicais, e dizer "não entendi", para escutar outra vez. Admirar sua respiração pesarosa com o luto. Admirar sua caça a baratas voadoras pela sala e perceber que ele tem mais pavor do que eu. Admirar quando gosta de um livro e me conta tudo como se eu nunca fosse ler. Admirar quando fica bêbado e se enrola no cobertor do meu casaco, desculpando-se por aquilo que ainda não fez. Admirar seus roubos nos tabuleiros de criança. Admirar sua dificuldade em se livrar dos pijamas gastos. Admirar sua barba por fazer em minhas coxas. Admirar quando me busca antes de pedir.

Pode-se admirar um homem sem amá-lo. Mas não amar um homem sem admirá-lo.

A RESPIRAÇÃO QUE ATRAVESSOU MINHA VIDA

Chupo a respiração de minha mulher quando ela dorme. Assim como quem chupa laranjas.

Sim, não há nada mais delicioso do que se aproximar dela, já em estágio avançado de altura, e permanecer rente ao vento na pedra da boca. O vento morno. O vento quente que poderia ser sinal de chuva se não viesse do corpo feminino. O vento que é a véspera da palavra, com todas as palavras possíveis, com todas as palavras por acontecer.

Quem não brincava de que era invisível quando criança? De passar pelas pessoas e acreditar que não estava sendo visto. Ouvir minha mulher dormindo é ser invisível. É ser ela um pouco por dia. É ser o pouso dela, seu cansaço de céu.

Eu a deixo dormir primeiro e fico acordado colhendo o sopro. Aproximo-me para beijá-la as bochechas espantadas. Não a beijo, sua respiração me beija. Não conheço música mais veemente do que o som de uma mulher descansando. É o equivalente a escutar o som de um violino dentro do violino.

Apanho seu ritmo e me esfrego com a esponja do batimento. Tomo banho a seco em sua respiração. Lavo meu rosto em sua respiração. Lavo as mãos. Lavo a voz. Ela não se mexe, mas pressente que estou pertinho, me fala "eu te amo" para me acalmar. Não me acalma, o amor não me acalma. O amor me faz pensar que estou perdendo alguma coisa dela.

Chupo sua respiração e não basta. Não me detém, não me adormece. Ela é sempre outra após isso. Por mais possessivo que seja, não depende de mim. Não se limita à minha presença.

Ela é uma respiração antes da minha.

Minha respiração é tão-somente uma resposta à dela.

O RADINHO DE PILHA

Uma senhora bem simples rodou e rodou a vitrine de uma loja, até que entrou. Pediu para "experimentar" um radinho de pilha. "Posso testar?"

A atendente pensou que era para ligar o rádio. Mas testar era colocar o aparelho nos ombros, para ver se pousava bem nos ouvidos. Mexeu-se muito até que encontrou uma posição confortável para o radinho. E amansou os olhos por alguns minutos como se ouvisse uma estação. Cerrou os olhos e rebolou o queixo devagar. Juro que ouvi a música que não existia, apenas acompanhando seu rosto.

A atendente irritou-se com a demora e perguntou se ela levaria o produto. "Vai pagar com cartão de crédito?" Ela respondeu que "mais ou menos" e saiu.

Não gosto de chamá-la de senhora. Vou chamá-la de Vanessa. Vanessa experimentou o rádio como quem estava se vestindo, como quem prova comida, como quem testa um travesseiro ao dormir. Ela colocou seus longos cabelos de trigo ao lado para calçar o som. Abençoou a rua do seu pescoço. Como uma rosa que não se apequena com a água entre as pétalas. A água, uma pétala que não murcha.

Não temos mais paciência para experimentar um amor. Colocar as roupas antes de tirar. Dentro da gente, há sempre uma pressa que aponta: "Vai levar?"

Há sempre alguém que acelera o relacionamento. Que agride antes de compreender, que julga antes de conviver. O amor não é suspeita, é superar a desconfiança. Todos se conhecem sem ao menos pedir permissão para entrar, licença para sentar e puxar a cadeira. Como se soasse um zumbido de "agora ou nunca?".

Queremos um amor rápido, não um amor constante, não um amor com as medidas do corpo. Ou com as medidas da voz nos ouvidos, que não seja largo demais nos ombros, nem pesado demais para carregar de um lado para o outro da casa. Como o rádio de Vanessa.

SÓ ISSO

Quando adolescente, preparava fita cassete para a namorada.

Melhor do que falar, montava uma trilha para expressar o que sentia. As baladas me explicavam. As letras guardavam o que não decorava. Ainda mantenho a perícia de enrolar a fita, que sempre soltava na época, com a caneta bic.

Mas não era assim fácil: tinha que escolher as músicas do rádio. Levava noites em claro para encontrar as prediletas. Não podia bobear. Com muito café e cigarro, havia que estar desperto para iniciar e terminar a música no tempo certo. A distância entre os meus dedos é a mesma que existe entre os botões REC e PLAY — aceito medir.

A voz do locutor complicava o trabalho. Aparecia do nada para identificar a estação. Já no finalzinho, despontava seu grito de feirante. Replicava o comercial e arruinava meu romantismo. Recorria à montagem, apagar sua dicção sem prejudicar o andamento da música.

Se eu pudesse preservar as vozes das mulheres que ouvi ao longo dos últimos anos, gravaria uma última fita cassete, algo bem simples, que deixaria ao meu filho.

As canções diriam:

Uma mulher não perdoa uma única coisa no homem: que ele não ame com coragem. Pode ter os maiores defeitos, atrasar-se para os compromissos, jogar futebol no sábado com os amigos, soltar gargalhada de hiena, pentear-se com franjinha, ter pêlos nas costas e no pescoço, usar palito de dente, trocar os talheres de um momento para outro.

Qualquer coisa é admitida, menos que não ame com coragem.

Amar com coragem não é viver com coragem. É bem mais do que estar aí. Amar com coragem não é questão de estilo, de gosto, de opinião. Não se adquire com a família, surge de uma decisão solitária. Amar com coragem é caráter. Vem de uma obstinação que supera a lealdade. Vem de uma incompetência de ser diferente.

Amar para valer, para provocar torcicolo. Não encontrar uma desculpa ou um pretexto para se adaptar, para fugir, para não nadar até o começo do corpo. Não usar atenuantes como "estou confuso". Não se diminuir com a insegurança, mas se aumentar com a insegurança. Não se retrair perante os pais. Amar como se não houvesse tempo de amar. Amar esquisito, de lado, ainda amar. Amar com fúria, com o recalque de não ter sido assim antes. Amar decidido, obcecado, como quem troca de identidade e parte a um longo exílio. Amar como quem volta de um longo exílio. Amar como uma canoa engatinha na margem, árvore deitada de bruços. Amar desavisado, com vírgula entre o sujeito e o verbo. Amar desatinado, pressionando a amar mais, a amar mais do que é possível lembrar.

Amar com coragem, só isso.

O FIM É LINDO

Minha casa é estranhamente regulada. Quando uma lâmpada queima, as outras vão junto. É um boicote que aumenta em minutos para testar a paciência. O gás da cozinha falta bem no momento da janta, e logo de madrugada, com o objetivo de me constranger ao telefone com uma lista infindável de entregadores. Se o computador estraga, o chuveiro também e o microondas sofre problemas de circuito. Confio que os aparelhos se imitam e conversam entre si. Devem reivindicar melhores condições de trabalho e uso, cobrar insalubridade, ou estão cansados das extensões e da sobrecarga indevidas. O certo é que minha casa é grevista. Insurgente. Nunca acontece de algo quebrar isoladamente.

Cheguei a minha residência depois de uma série de viagens. E mal acendi a luz, puf, puf, puf. Meu dedo estalou em cada interruptor. Teve até choque. Foi patético, para não dizer desanimador. Corredores mexendo as sombras, as paredes escorrendo a cegueira.

Mas, um pouco antes de explodirem, as lâmpadas aumentaram sua fosforescência. Puxaram todo o resto de força para refulgirem a extinção. Estenderam seus aros como nunca antes, com a potência de um refletor.

O mesmo ocorreu com o gás de cozinha, a chama das bocas subiu com perigosa curiosidade. Poderia ouvir o fogo gemer. Ele escurecia as bordas das panelas com sua assinatura. Quase formava os dedos de uma mão.

Conclui que o fim é lindo.

Assim como as luzes da casa e do fogão, o amor perto do desastre não se economiza. Não mais se contém. É desesperadamente transparente.

Um casal diante do fim terá a grande noite de sua vida por não prever uma próxima. Sairá do esconderijo porque não se vê mais seguro. Mostrará do que é capaz. Queimará o que guardou, não fará mais nenhum jogo, esquecerá a sedução e os conselhos dos amigos. Mais intensidade do que intenção.

É o escândalo da verdade. Tímidos se transformam em terroristas, calmos ficam enervados, pacientes se portam como histéricos. Por um instante, não há medo de fazer as propostas mais desvairadas, confessar palavras reprimidas, estender os olhos como um lençol limpo.

O fim é lindo. Do crepúsculo, de uma vela, de uma chuva. O fim é esperançoso, exigente. Pancadas de beleza. O som e o sol pulam como um suicida ao avesso para dentro da vida.

Impresso no Brasil pelo
Sistema Cameron da Divisão Gráfica da
DISTRIBUIDORA RECORD DE SERVIÇOS DE IMPRENSA S.A.
Rua Argentina 171 – Rio de Janeiro, RJ – 20921-380 – Tel.: 2585-2000